Bernardo Stamateas

QUERO MUDAR

Construa sua felicidade com as ferramentas que existem dentro de você

Tradução
Marcelo Barbão

LeYa

Tradução para a língua portuguesa © 2015 Leya Editora Ltda.
Título original: *Quiero un cambio: principios para alcanzar tu máximo potencial*

PREPARAÇÃO DE TEXTO
Meggie Monauar

REVISÃO
Simone Zac

DIAGRAMAÇÃO
Camila Araújo

CAPA
Ideias com Peso

Dados Internacionais de Catalogação na Publicação (CIP)
Angélica Ilacqua CRB-8/7057

Stamateas, Bernardo
Quero mudar : construa sua felicidade com as ferramentas que existem dentro de você / Bernardo Stamateas; tradução de Marcelo Barbão. -- São Paulo: LeYa, 2015.
176 p.

Bibliografia
ISBN 978-85-441-0178-0
Título original: *Quiero un cambio: principios para alcanzar tu máximo potencial*

1. Mudança (Psicologia) 2. Motivação (Psicologia)
3. Sucesso 4. Felicidade I. Título 2. Barbão, Marcelo

14-0934 CDD 158.1

Índices para catálogo sistemático:
1. Sucesso

2015
Leya Editora Ltda.
Rua Desembargador Paulo Passaláqua, 86
01248-010 — Pacaembu — São Paulo, SP
www.leya.com.br

A todos que sonham com um futuro melhor.

SUMÁRIO

Apresentação 7

Introdução 11

1. Ative-se com um pouco mais de paixão 13
2. Alimente sua motivação 19
3. Cresça todos os dias 23
4. Tenha novas ideias 31
5. Conecte-se com eficácia 37
6. Construa pontes 43
7. Procure um mentor 49
8. Elabore um plano 55
9. Siga até o fim 63
10. A lei do 20/80 69
11. Lidere seus projetos 75
12. Negocie em paz e com sabedoria 83
13. Crie confiança 89

14. Delegue sem deixar de supervisionar 95
15. Gere um impacto emocional positivo 99
16. Administre a pressão com eficácia 105
17. Utilize o "sim" e o "não" com firmeza 109
18. Alimente sua fé 117
19. Pense como chefe 119
20. Sonhe grande 125
21. Supere-se um pouco mais a cada dia 131
22. Planeje seus sonhos e realize-os 139
23. Tolere a frustração 145
24. Encha a sua vida de sonhos 151
25. Exercite hábitos e passos bem-sucedidos 157
26. Construa sua felicidade 165

Referências e bibliografia recomendada 171
Agradecimentos 174

APRESENTAÇÃO

SEMPRE SOUBE QUE, CEDO OU TARDE, BERNARDO IRIA SE ENVOLVER A FUNdo com este assunto. A atitude de mudança, a transformação pessoal, a ação de nos reinventarmos estão presentes o tempo todo em suas palestras. Stamateas sabe — porque o revelou para mim em uma entrevista — que a maioria de seus seguidores procura algum tipo de mudança em suas vidas. Acho totalmente oportuno, então, que agora ele dedique várias páginas ao tema.

Todos os dias chegam ao meu programa de rádio centenas de e-mails e mensagens de texto com preocupações que acometem a maioria das pessoas. Se eu tivesse que fazer uma espécie de "ranking" com os problemas, ficaria assim:

- Não gosto do meu emprego, do meu salário, e muito menos da tarefa que desempenho.
- Sinto que não estou progredindo, nem profissional nem economicamente.
- Acho que a minha relação não dá mais pé...
- Não sei qual é a melhor forma de educar meus filhos.
- Tenho problemas para me relacionar. E isso, por sua vez, gera outros problemas na minha vida.
- Preciso aprender a dizer "não" com mais frequência.
- Sei que tenho capacidade, mas não sei como mostrá-la.

Em geral esses são os problemas mais comuns das pessoas adultas, inclusive a partir da adolescência. Conflitos que, quando se tornam crônicos, se transformam invariavelmente em uma crise, que costuma chegar para ficar por muito tempo e, às vezes, para sempre.

Seja qual for o problema que carregam desse "ranking" (e alguns podem carregar até mais de um, é claro), todas essas pessoas têm uma característica em comum: precisam mudar. Sentem que o que fizeram pouco ou nada serviu para realmente provocar uma guinada em suas vidas. Acreditam que seguiram o caminho errado, e agora precisam virar para outro lado, encontrar algum atalho, ou andar na direção contrária.

Os publicitários — especialistas em persuadir os outros — sabem disso perfeitamente e, em suas mensagens, costumam incorporar coisas do tipo: "Está cansado do que está aí? Vote em Fulaninho", prometem nas eleições. "Esse é muito mais refrescante", vendem em uma propaganda de refrigerante. "Meu cabelo era ressecado até que comecei a usar esse xampu", assegura uma moça que parece ter encontrado a felicidade em seu cabelo novo sedoso. As financiadoras costumam nos oferecer dinheiro para trocar de carro, de casa ou escolher o próximo destino das férias.

Bom, isso já sabemos: eleger um novo deputado, mudar de refrigerante preferido ou escolher um novo xampu é algo que pode ser feito da noite para o dia, com absoluta facilidade. Mas a grande mudança de que tantos precisam desesperadamente — isto é, mudar a si mesmo — costuma ser muito mais complicada. É preciso travar uma duríssima batalha contra a nossa própria educação, o sistema de crenças, as obrigações familiares, o contexto social e cultural. E se, fazendo um grande esforço, conseguirmos enfrentar tudo isso, logo atrás nos esperam a culpa, o medo, a possível reprovação dos outros, e a vertigem desse precipício que é o desconhecido. Porque uma mudança gera incertezas. E isso, inevitavelmente, dá medo.

Na minha experiência, não existe possibilidade de progresso — econômico, profissional ou espiritual — se não percebermos quando é o momento de virar a mesa, embora isso signifique um risco. E ainda que o sucesso nos acompanhe.

Estou muito convencido de que quem não muda não evolui. E aquele que não evolui começa perdendo oportunidades, depois perde trabalhos, amigos, relações... Até que termina sendo convidado para cada vez menos festas de aniversário. Quem não muda para evoluir perde, sobretudo, este tempo de ouro que nos foi dado: o nosso ciclo vital.

Mas não estamos falando, é claro, de quem muda o tempo todo e, na verdade, acaba não produzindo mudança nenhuma; e então não para em nenhum emprego, tem uma namorada por semana e muda de opinião em poucas horas.

Não penso que seja uma virtude que alguém esteja "igual, o mesmo de sempre", como quando comentam comigo sobre algum velho amigo em comum. Na verdade, fico com pena. Deus nos livre de sermos os mesmos aos 20 e aos 40 anos!

Nesse sentido, é inevitável mencionar o exemplo dos Beatles. A cada álbum novo, eles pareciam inventar um novo gênero musical, como se descartassem o que tinham feito no disco anterior. Essa atitude, além de uma amostra de inspiração colossal, acarretava o risco de que o público não aceitasse o novo, e, o melhor, os garotos assumiam isso!

E me permito, obviamente, parafrasear aquele que disse algo assim: "É uma loucura fazer sempre a mesma coisa e esperar resultados diferentes".

Há vários anos, em um livro de programação neurolinguística (PNL), de poucas páginas, escrito pelo brasileiro Lair Ribeiro, li a respeito de uma ideia que ficou gravada em mim. Esse especialista em PNL afirma que a maioria das pessoas costuma se mover em um contexto que nos proporciona certa segurança, seja econômica, no trabalho, afetiva e/ou social. Ele chama esse contexto de "a zona de conforto", e assegura que "se você espera boas notícias na sua vida, elas acontecerão fora da zona de conforto". Isto é, Ribeiro propõe que pulemos fora desse contexto mais ou menos seguro que escolhemos para nos rodear; que saiamos dessa espécie de "chiqueirinho" onde há pouco risco, onde não se produzem novidades.

Pessoalmente, sempre valorizei aqueles que escolhem desafiar o que supostamente o destino lhes impôs: os artistas que se cansam de sua própria obra e resolvem dedicar-se a outra coisa; aqueles que se demitem na cara do chefe que não suportam há anos; os que olham para seu parceiro da vida toda e dizem sinceramente que o desamor, as brigas constantes, ou simplesmente a rotina, está obrigando a que ambos tomem caminhos diferentes; os garotos que estudaram Medicina porque assim queria o pai médico, e que no final partiram para Filosofia ou Letras, pois era sua verdadeira vocação; e até as mulheres que se metem em uma sala de cirurgia, simplesmente para mudar o destino de um nariz herdado da mãe ou uma pele que começou a enrugar.

Mando então, nesta apresentação, o meu caloroso reconhecimento àqueles valentes que se animaram à mudança. E se deram bem! A seguir, algumas provas bem claras disso:

- Se Da Vinci não tivesse mudado, teria sido apenas um matemático com péssima ortografia. No máximo, um bom engenheiro. Só que, a esta altura, estaria totalmente esquecido.
- Se o nosso querido Sandro[1] não tivesse mudado, teria ficado para sempre com Los de Fuego e não teria escrito "Penumbras", por exemplo.
- Se Bill Clinton não tivesse dado uma bela reviravolta em sua vida, não teria passado de um jovem ativista que fumava maconha a presidente da nação mais importante do mundo.
- Se os Beatles não tivessem se reinventado, teriam ficado para sempre em "Love me Do" e jamais teriam feito canções como "Sargent Pepper".

O mundo está cheio de heróis anônimos que conseguiram se reinventar e que não aparecem em nenhuma enciclopédia.

Mudar é um gesto heroico, um ato de rebeldia, um grito de socorro de quem não se conforma com as cartas que recebeu na distribuição da vida, e as quer embaralhar e distribuir de novo.

Espero que os leitores deste novo livro de Bernardo estejam dando esse primeiro passo para a mudança. Para mudar-se.

Beto Casella

---

1. Famoso cantor argentino, iniciou sua carreira no grupo Los de Fuego, pioneiro do rock nos anos 1960, e depois seguiu carreira solo de grande sucesso. Faleceu em 2010. (N.T.)

INTRODUÇÃO

A ÚNICA MUDANÇA QUE TEMOS DE FAZER É CRESCER. MUDANÇAS SÃO PARTE da vida, são inevitáveis, por isso devemos ser flexíveis com elas.

Uma pequena mudança gerará outras, maiores, porque ao fazer isso você estará liberando todo o potencial oculto no seu interior. Cada uma delas influenciará todo seu sistema de vida e de crenças, ativando as outras mudanças que precisará desenvolver para crescer e progredir em todas as áreas da sua vida. Em 1963, Edward Lorenz descobriu o efeito borboleta. Ele se perguntou se os grandes efeitos se deviam a pequenas causas, se o bater de asas de uma borboleta podia provocar um furacão, e assim descobriu a Lei de Lorenz: "Tudo é imprevisível, um grande efeito pode vir de um ato pequeno". Mas o que isso nos ensina, afinal? Que um sorriso, um abraço, uma ligação, uma palavra de carinho podem ser o começo de um bater de asas que trará uma enxurrada de sucesso e de mudanças que o aproximarão de sua meta e da realização de seu sonho.

Quando nada mais o surpreende, quando tudo dá na mesma, quando você já não sorri como antes, quando deixa de se admirar, de amar, de sonhar, a sua vida está precisando de uma mudança. Não se conforme ou se console em saber que outros estão piores do que você, procure uma solução para os seus problemas, crises, sua falta de sonhos. Chega de explicações e justificativas, é tempo de mudança!

O que você está esperando que aconteça?

O que você quer da vida?

Como será o seu futuro?

Aproveite tudo que estiver ao alcance das suas mãos: força, coragem, domínio de si mesmo, potencial e, sobretudo, vida! Chega de desculpas: agora são apenas soluções, mudanças e mais mudanças. Se algo não funcionar, se você já provou centenas de vezes e os resultados são sempre os mesmos, aposte na mudança. Um provérbio da tribo Dakota diz: "Quando se der conta de que está montando um cavalo morto, o melhor que pode fazer é desmontar".

Se até hoje você não obteve os resultados que esperava, tente novas estratégias. Já passou o tempo de nos perguntarmos o motivo do fracasso, é hora de pensar no que realmente funciona para resolver o problema. É preciso falar sobre as mudanças pertinentes que nos aproximarão das soluções e que nos permitirão comprovar que os sonhos não são apenas sonhos, mas também esperanças, promessas e verdades que podemos tornar realidade.

Tudo nasce com um sonho e, sem ele, não existe nada. Neste livro, o meu desejo é que você possa encontrar pautas claras e estratégias simples que lhe permitam continuar crescendo, sair do conformismo e da mediocridade para alcançar tudo o que está esperando.

É tempo de mudança em todas as áreas da nossa vida. Anime-se a colocar essa ideia em prática. Encontre uma nova maneira de fazer as coisas e verá que, durante esse processo, terá amadurecido e se conhecido melhor. Não mude pensando que os outros mudarão, você é quem se beneficiará com a mudança.

Aposte na mudança porque, para aquele que acredita, tudo é possível. A gente se encontra no topo da montanha.

Bernardo Stamateas
www.stamateas.com

1

Ative-se com um pouco mais de paixão

1. Vida com propósito

Se você quiser ter sucesso na vida, precisa ser apaixonado, portanto, coloque paixão em tudo que fizer.

As pessoas de sucesso colocam paixão em seus projetos, independente do objetivo que tenham em mente. As pessoas apaixonadas não desistem na primeira dificuldade, nem na segunda, e muito menos na terceira. Elas continuam buscando o sucesso.

Li que, nos Alpes Suíços, quando os turistas saem para escalar, param na metade do caminho, onde encontram um hotel cinco estrelas. Nesse lugar eles bebem chocolate quente, há uma lareira, jogos, enfim, é um belo ambiente para passar um período aquecido e confortável. A metade das pessoas que tinham começado a excursão decide ficar por lá mesmo. Mas, depois de umas seis horas, o grupo que continuou com o guia chega ao cume dos Alpes e toca um sino. Todas as pessoas que ficaram na metade do caminho, no hotel, olham pela janela e, automaticamente, o que era uma festa acaba se transformando em decepção, ao observar como seus companheiros escalaram a montanha e eles não.

A comodidade e o conformismo são inimigos da paixão, do crescimento, dos sonhos. Somente as pessoas que sabem enfrentar a preguiça, que assumem riscos, que reclamam o que é seu, que lutam pelo seu sonho, são apaixonadas, e chegarão, com certeza, ao objetivo desejado.

> *O homem que não amou apaixonadamente ignora a metade mais linda da vida.*
> — Stendhal

Fangio, piloto cinco vezes campeão do mundo na Fórmula 1, contava que o segredo de seu sucesso era que, quando os outros batiam, diminuíam a velocidade, ele andava ainda mais rápido, porque energia gera mais energia.

Coloque paixão em tudo que fizer! Se não fizermos isso, chegará um momento em que tudo terminará igual e a monotonia consumirá nossa vida. Muitas pessoas não aproveitam seus dias, os anos passam e elas não conseguem nada. Se você não tiver uma meta, um desejo, um sonho pelo qual lutar com vontade, chegará a um ponto no qual aquilo que no começo o deixou empolgado acabará virando rotina. É por isso que, a cada passo que dermos, devemos acrescentar a paixão; ainda mais — precisamos inovar.

Inovar significa acrescentar o fator surpresa, fazer algo novo!

Devemos inovar até mesmo na relação amorosa. Muitas vezes, a relação se torna chata porque não existe mais o elemento novidade, e começa a se discutir pelos mesmos motivos, chegando-se sempre às mesmas conclusões.

Assim, preencha sua agenda com atividades que tragam experiências novas, que levem ao crescimento do casal. Ainda que pequenas, as modificações parecerão novos desafios.

O desânimo não vem porque o que fazemos é ruim,
mas porque tudo atinge um limite.

Nós não somos mais felizes porque deixamos de praticar o que nos faz feliz.

O que faz você feliz? O que o enche de paixão? Acrescente isso na sua agenda e não espere até amanhã, comece a fazer hoje o que alegra seu coração. "Se fizer o que me deixa feliz, voltarei a sentir alegria em tudo que fizer." Quando o seu coração estiver em tudo que você fizer, você estará acrescentando paixão à sua vida. Martin Luther King disse: "Se você não descobriu nada pelo qual valha a pena morrer, então você não está preparado para viver".

Nada de grande foi feito no mundo sem uma grande paixão.
— Georg Wilhelm e Friedrich Hegel

2. Alinhe-se com a sua paixão

Pergunte-se: Sonhei o suficiente? Vivi plenamente? Amei bem? Isso é desfrutar. Apaixone-se pelos seus objetivos, suas conquistas e, quando chegar a eles, desfrute-os! Troque a velha mentalidade por aquela que consiga enchê-lo de paixão.

Comece a desfrutar de tudo que estiver em suas mãos, tudo que possuir.

Se você conseguiu comprar um bom perfume importado, ou uma roupa de luxo, não espere por uma ocasião especial para usá-los; o faça hoje. O sentimento de culpa diz: "É melhor guardar para uma ocasião especial", porém, o dom de desfrutar diz: "Esta ocasião é especial".

Faça de cada ocasião algo especial e não guarde nada para amanhã. Use a melhor roupa para ficar em casa porque ela foi dada a você para isso. Não permita que o façam se sentir culpado por usar o que não lhe pertence — se está em suas mãos é para que desfrute disso quando quiser.

O dom de desfrutar não se procura, já está dentro de cada um.

Há pessoas que estão procurando o tempo todo: "Onde está o homem que me fará feliz?", "Saiu o sol, que alegria!", "Está nublado, que tristeza!".

Faça com que cada momento seja único. Libere a energia que está dentro de você; aprenda a soltá-la. Ninguém, em ambiente nenhum, poderá dominá-lo quando você liberar a sua capacidade de desfrutar.

Alegria não é ter uma casa grande ou pequena. Salomão diz: "Melhor é a comida de legumes, onde há amor, do que boi engordado, onde há ódio". Ou seja, é melhor comer um sanduíche em uma barraquinha na rua do que o melhor caviar rodeado de inveja e discórdia.

O propósito da vida é vivê-la, desfrutar da experiência ao extremo, estender a mão com impaciência e sem medo de viver experiências mais novas e mais enriquecedoras.
— Eleanor Roosevelt

Comece a desfrutar de si mesmo.

"Se não sou capaz de desfrutar de mim mesmo, não poderei aproveitar o resto." Você é o protagonista da sua própria vida, é você quem a constrói todos os dias, portanto, seja amigo de você mesmo. Só você deve ter fé em si mesmo para seus objetivos e projetos, mais ninguém. Amar-se e respeitar-se é dar-se o lugar de importância que você merece.

Siga os desejos do seu coração.

Está com vontade de viajar? Viaje. Quer comprar roupa? Compre. De nada adianta trabalhar ou estudar e não poder usufruir daquilo que conquistou.

Seja esperto: saiba quando falar e quando calar.

O que você tem é seu, não há necessidade de exibir o que você foi capaz de alcançar. Só aquele que sabe ser apaixonado consegue tirar proveito das conquistas e do sucesso. Portanto, coloque toda a paixão possível em todas as áreas da sua vida, na sua relação, com seus filhos, na sua fé. Viva a vida com intensidade.

Corra a sua maratona com paixão. Mas, lembre-se: a prova não é de velocidade, ela dura a vida toda. E, enquanto estiver correndo, carregue uma tocha, porque de nada servirá chegar ao final sem fogo. Apaixone-se pela vida, pelos seus filhos, sua família, seu trabalho, sua empresa. E, tão importante quanto, tenha paixão pela sua fé e pelos seus princípios.

O que você ainda não desenvolveu? O que sente paixão em fazer? Você sabe claramente quais são suas paixões?

As minhas paixões desenham a minha vida. Você precisa seguir as paixões do seu coração. As duas perguntas mais importantes que existem são: "quem sou eu?" e "o que eu amo?". A minha paixão é a minha maneira de viver. Que coisas apaixonam, entusiasmam você? Você tem clareza de quais são suas paixões? William Barclay, um conhecido teólogo, citava que há dois dias extraordinários na vida de um homem: quando ele nasce e quando descobre o porquê; e isso é a paixão. As pessoas que não seguem as suas paixões têm uma vida medíocre, uma vida pela metade. No entanto, o potencial e a capacidade para ser uma pessoa apaixonada estão dentro de você. As pessoas felizes estão alinhadas com suas paixões.

Quando você sabe quais são as suas paixões — quando souber o *quê* — sempre virá o *como*. Lembre-se: "Se souber o *quê*, também virá o *como*".

O que é o *quê*? Aquilo que quero conseguir, os meus projetos; e se eu sei *quais são minhas paixões*, virá o *como vou alcançá-las*. Nunca pense: "como farei para alcançar minha meta?"; apenas comece reconhecendo o que enche sua vida de energia, de entusiasmo, de felicidade.

"Se eu seguir minhas paixões, viverei uma vida com sentido, com propósito." Só eles me fazem brilhar.

Quer brilhar? Faça tudo aquilo que ama. Viajar, jogar futebol, manter uma alimentação saudável, ganhar dinheiro, ter uma empresa.

Conecte-se com as suas paixões, alinhe-se a elas. O desenho da sua vida é proporcional à conexão que você tiver com as suas paixões.

Em uma pesquisa sobre pessoas que tiveram sucesso por mais de cinquenta anos, descobriu-se que, em todos os casos, houve um fator determinante: "Todos estavam alinhados com as suas paixões, com aquilo que amavam fazer, aquilo que os fazia esquecer o relógio".

Suas paixões ficam escondidas em seu coração. Agora é a hora, este é seu tempo, seja um homem, uma mulher apaixonada, não desista antes de chegar ao seu objetivo. Com paixão, força e garra, você com certeza verá seu sonho realizado.

2

Alimente sua motivação

1. Eu sei que posso

A velocidade com a qual somos capazes de nos levantar é mais importante do que a queda. Lembre-se: a velocidade é a sua motivação.

A atitude mais poderosa que uma pessoa pode tomar para realizar seus sonhos é alimentar sua paixão, é motivar-se para alcançar tudo a que se propôs. No entanto, é grande a quantidade de pessoas que normalmente parecem estar desanimadas, desiludidas, sem desejo ou motivação para atingir seus objetivos. A palavra desânimo é sinônimo de "estar entediado", "cansado", "sem vontade".

Alguém desanimado sempre acaba por abandonar o projeto que está em seu coração. Não há nada mais destrutivo do que o desânimo, que pode se manifestar tanto num sonho como nas demais áreas da vida do indivíduo.

Uma pessoa esperançosa estará sempre motivada. Motivação é saber que conseguirá tudo o que deseja, apesar das circunstâncias e de todas as dificuldades da vida.

> *A motivação nos impulsiona a começar, e o hábito nos permite continuar.*
> — Jim Ryum

Uma pessoa motivada não desiste em meio a uma crise, porque sabe que ela a levará ao seu destino. Acredita em seu sonho, na primeira imagem que teve de si mesma dentro dele. Sabe que depois da adversidade vêm as coisas boas, e isso a motiva a seguir em frente.

A determinação ensina a dormir e a conectar o corpo com o descanso, saber esperar e levantar-se novamente. Ela é o estímulo, é a força de que precisamos para atuar; é alegria e coragem.

Uma das maiores habilidades dos seres humanos é a capacidade de manter-se em pé mesmo diante das dificuldades. Motivar-se internamente é ter forças e paixão para seguir adiante.

Porém, muitos de nós precisamos de motivação externa, ou melhor, da *permissão* alheia para fazer o que realmente queremos fazer. É comum pensar: "Se estou motivado, estou autorizado a fazer isso"; e, sem percebermos, confundimos "motivação" com "autorização". Muitas pessoas procuram fora de si mesmas a permissão e a motivação de que precisam para empreender seu sonho.

Isso significa nada mais do que a perda da chama interna, da capacidade de se automotivar, na esperança de que tudo aconteça involuntariamente. É por isso que, quando a motivação externa não chega, a frustração toma seu lugar, e manifestamos nosso conformismo dando explicações como: "É... não era o meu momento"; "Não era para mim"; "Vai saber do que me salvei...". Ou seja, como a motivação interna não é suficiente e a externa não aconteceu, a pessoa decide abandonar seu projeto. Prova disso é como, com frequência, muitas pessoas desembolsam verdadeiras fortunas para escutar uma palavra de ânimo, de força e de afirmação.

> *Toda a atividade humana está motivada pelo desejo ou pelo impulso.*
> — Bertrand Russell

Jack Welch, presidente da General Motors, uma das empresas mais importantes do mundo, certa vez recebeu a visita de um jovem que lhe disse: "Preciso que o senhor me dê um conselho, sou um jovem empresário"; Welch respondeu: "Muito bem, vamos conversar!". E, assim, começaram a andar por Wall Street. Quando chegaram à esquina, o empresário perguntou: "Como você se chama?".

"Juan..."

"É casado?"

"Sou."

"Passe bem."

"Não, espere, eu vim aqui para que o senhor me desse um conselho!"

Welch, porém, olha para o jovem e diz:

"Já o ajudei. As pessoas viram você andando comigo e isso é suficiente para que comecem a prestar atenção em você."

Quando você for capaz de motivar aquele que está ao seu lado, será uma fonte de inspiração. Aquela pessoa que está motivada internamente será capaz de levantar e motivar quem está ao seu lado.

Afirmar é dar firmeza, assegurar, consolidar, estabelecer, acreditar na capacidade da pessoa que estou validando e motivando.

- **Ressaltar o melhor do outro.** Todos nós temos pontos positivos e negativos, só precisamos escolher com qual deles iremos nos conectar. Para nos motivarmos com eficácia, devemos focar no aspecto positivo do outro. O importante é fazê-lo se lembrar de tudo que conseguiu, aquilo que alcançou.
- **Ouvir.** Quando falamos, não podemos escutar. Para ser um motivador, você precisa fazer com que o outro não se interesse pela sua história, mas sim pela dele mesmo. Ser ouvido intensamente faz com que uma pessoa se sinta especial e apreciada.
  - Churchill dizia: "É preciso ter coragem para levantar e falar, porém, ainda muito mais para sentar-se e escutar".
  - Stephen Covey, um dos maiores exponentes da liderança, diz: "Trate seus funcionários como gostaria que eles tratassem seus clientes, e então eles farão isso quando você não estiver presente".
  - Daniel Goleman, o maior mestre da inteligência emocional, afirmou: "Saber escutar é uma das principais habilidades das pessoas com alto nível de inteligência emocional".
  - Precisamos aprender a ouvir mais, a falar daquilo que interessa ao outro, a escutar, fazer perguntas, a estimular o outro.
  - O presidente Franklin Roosevelt suspeitava de que nas recepções oficiais ninguém escutava o que ele falava durante os cumprimentos. Então, um dia, decidiu fazer uma experiência: em uma recepção oficial, ao cumprimentar uma família de embaixadores e diplomatas, disse: "Hoje matei a minha sogra"; ao que eles responderam: "Oh,

maravilhoso, siga adiante com seu bom trabalho"; "Estamos muito orgulhosos do senhor"; "Que Deus o abençoe e o proteja". Quase ao final da fileira de convidados, ao cumprimentar o embaixador da Bolívia, falou a mesma coisa. O homem, muito diplomaticamente, respondeu: "Tenho certeza de que ela merecia".

- **Liberar a paixão.** Se você deseja motivar alguém, o faça com vontade e paixão.
- **Corrigir com amor.** Ninguém gosta de ser corrigido. No entanto, a correção também libera o potencial. Fiéis são as feridas daquele que ama. "O pai sábio corrige seu filho."
- **Desafiar tudo.** Certa vez, um jovem se aproximou de um violinista muito famoso e disse: "Eu daria a vida por tocar como o senhor". Então, ele respondeu: "E o que você acha que eu fiz?".

Quando você estiver seguro, comece a se motivar internamente, substituindo a motivação externa pela interna. Somente dessa maneira a sua bússola interior o guiará para o caminho certo. Estar motivado internamente é saber o que é aquilo que quer alcançar e agir para alcançá-lo.

Motivação interna é sintonizar-se com aquilo que se deseja, o seu propósito, a sua vida. Cada vez que avançar, se autoparabenize. Conecte-se com seu sonho. Uma vez que fizer isso, será muito mais fácil evitar os obstáculos, e, quando o desânimo chegar, a sua motivação interna o superará.

Quando, apesar das circunstâncias, a motivação nasce do seu interior, sem depender da opinião dos outros; quando a queixa perder o espaço nas suas emoções; e quando você for capaz de deixar o passado para trás, nada será capaz de tirar você do caminho que escolheu. Incentive-se diariamente a levar adiante todos os seus projetos, e dê importância a eles. Coloque paixão, força e fogo.

Sem motivação andaríamos de ré, mas agora vamos adiante, porque agora você sabe com certeza que chegará. Encarregue-se você mesmo de dar um golpe no desânimo. *As pessoas motivadas falam sobre o lugar para onde vão.*

Não fale de onde vem, do que aconteceu com você. Diga para onde vai, qual é a sua meta. Não fale só na frente das outras pessoas, fale para você mesmo.

Crie o seu novo destino. Quando o fizer, a motivação interna o fará mover montanhas.

3

Cresça todos os dias

1. Correr em busca de mais

Uma criança só quer receber, um adulto faz crescer o que já possui. A criança apenas se diverte, o adulto conquista. Tudo que alcançar será proporcional ao quanto estiver disposto a crescer.

A criança espera receber, porém o adulto precisa crescer. O autor dos *Atos dos Apóstolos* disse: "Quando eu era criança, falava e pensava como criança; quando deixei de ser criança, pensei como adulto". O adulto pode dominar, conquistar e lutar.

Perguntaram a um homem feliz e de sucesso qual era a característica necessária para vencer, e a sua resposta foi: "As pessoas de sucesso que conheci são decididas, executivas, não pensam quarenta horas sobre o que irão fazer, mas analisam e tomam decisões". Durante o processo de crescimento, há um determinado momento no qual precisaremos realmente amadurecer.

"Quando deixar de procurar alguém que me cuide, me cuidarei.
Quando deixar de procurar que me deem, produzirei.
Quando deixar de procurar alguém que falha, vencerei."

> *Se você chama "experiências" suas dificuldades e lembra que cada uma o ajuda a amadurecer, vai crescer vigoroso e feliz, não importa o quanto as circunstâncias possam parecer adversas.*
> — Henry Miller

Os grandes jogadores de xadrez, antes de mexer as peças, estudam sete jogadas que poderão fazer para frente, dado que precisam preparar diferentes alternativas de movimentos. A mesma coisa acontece com a nossa vida. Se você quiser crescer e fazer a diferença, precisa se superar todos os dias, superar os seus limites, melhorar, revisar, estudar muitas vezes a matéria que lhe interessar. Se não crescer, nada ao seu redor crescerá. Precisamos crescer muito mais do que o sonho que temos; se não for assim, esse mesmo sonho o esmagará, porque você não saberá como administrá-lo. Quando uma empresa cresce mais do que seu criador, ela acaba por destruí-lo.

Precisamos crescer em inteligência e caráter. Muitas pessoas desenvolveram uma grande inteligência que torna possível alcançar um objetivo. No entanto, quando chegam à meta, não têm caráter para desfrutá-la; ao passo que outros têm um grande caráter, mas nunca chegam ao seu objetivo por falta de inteligência e de estratégias. Por isso, desenvolver "caráter e inteligência" é de total importância, porque juntos eles possibilitam alcançar o sucesso e usufruí-lo.

Certa vez li que uma águia decidira comer um peixe que tinha visto na água. Voou milhares de metros e, quando finalmente pegou a presa, era tão pesada que ela não conseguia levantar voo, e muito menos soltá-la. Por fim, a águia morreu afogada.

É por isso que devemos crescer muito mais do que o nosso sonho, caso contrário, não conseguiremos estar nele e desfrutá-lo. Devemos crescer em inteligência e em caráter. A vontade de crescer e de se superar diariamente tem que ser o seu primeiro desejo.

2. Crescer é a prioridade

Um ano depois de criar um produto, ele melhora em 25%; assim, se eu estiver quatro anos sem crescer, fico totalmente desatualizado de tudo que há de novo no mercado e, em consequência, do sistema.

Thomas D. Jakes, um pastor norte-americano, disse: "Junte-se com gente que o faça sentir um tonto, com gente que cresce tanto, e tem tanta vontade, que você ao lado deles pareça um idiota".

> *Um homem de caráter poderá ser derrotado, mas jamais destruído.*
> — Ernest Hemingway

Educabilidade é quando aprendemos, quando as coisas estão bem. Muitas pessoas são educáveis enquanto as coisas vão bem. No entanto, há aquelas que também têm a capacidade de aprender quando as coisas vão mal, e a isso chamamos "corretibilidade". Existem pessoas que são educáveis, porém, não são corrigíveis, e há as que aprendem quando estão bem, mas, quando as coisas saem mal, elas não se permitem serem corrigidas.

Uma pessoa que cresce é uma pessoa que se deixa ensinar nos momentos bons e, nos difíceis, se deixa corrigir.

Quando você cresce, toma melhores decisões, já não decide entre o que é bom e o ruim, mas sim entre o que é valioso e o muito valioso; entre o que é excelente e o melhor. Quanto mais crescermos, melhores decisões tomaremos.

O jogador de basquete Michael Jordan afirmou: "Eu visualizei aonde queria chegar, que tipo de jogador queria ser, sabia com exatidão o que queria alcançar; concentrei-me em conseguir isso, e consegui".

Se alguma coisa acontecer na sua vida é porque você quis.

Aprenda a olhar para o que está faltando e lute pelo que é seu. Van Gogh disse: "O objeto tomou forma na minha mente antes que eu começasse a pintá-lo". Se você não lutar para satisfazer suas necessidades, ninguém fará isso por você.

> *Nas decisões, o fraco treme, o tonto desafia, o sábio julga e o hábil dirige.*
> — Autor desconhecido

Valorize-se, parabenize-se, em cada passo, em cada processo que atravessar e tiver crescido, premie-se!

Quando alguém está em paz consigo mesmo, terá a melhor família, os melhores filhos, amigos, trabalho, as melhores oportunidades.

Você atrai de acordo com aquilo que você é. Ao invalidar-se, você atrairá aqueles estão esperando subestimá-lo, porém, quanto mais você se valoriza e sabe quem é, melhor será a sua herança.

Charles Chaplin era pobre e órfão; Steven Spielberg era tão tímido que todos se aproveitavam dele; Honda, o gênio japonês, estava tão doente que, por causa da sua doença, inventou poderosas máquinas, "as motos".

Não há nada que possa frear o potencial que está no seu interior, nem mesmo o limite com o qual em algum momento você vai se encontrar, e que deverá superá-lo.

Esta é a Lei de Peters: Todo ser humano é capaz, até que alcance seu nível de incompetência.

Ou seja, chegamos a um nível tal que já não sabemos como seguir crescendo, e as coisas já não saem como deveriam. Nesse ponto, é preciso ter a humildade para que o limite passe a ser o chão do nosso próximo nível. O problema é que, muitas vezes, não percebemos que não sabemos e continuamos fazendo as coisas da mesma maneira. Ter um limite não é sempre ruim, na verdade é uma ponte para alcançar um novo nível. Só precisamos ficar em cima dele para começarmos a construir de novo.

A única possibilidade de descobrir os limites do possível é se aventurar um pouco além deles, em direção ao impossível.
— Arthur C. Clarke

O limite é aquilo que nos freia, o final de uma etapa. Em todas as áreas, sempre haverá um limite ao qual chegaremos, seja intelectual, econômico, emocional, ou seja, subiremos a uma plataforma. No entanto, esse não é um castigo, é um ponto ao qual todos chegaremos. Tudo cresce até chegar um momento em que parece que já não há mais o que fazer; aí mesmo, atrás desse limite, desse teto, ainda resta um longo caminho, ainda há muito mais para ser feito, mas agora, para continuar crescendo, você deverá quebrá-lo.

Em quantas situações você se sentiu estancado, um momento no qual não conseguia mais avançar? Isso é normal. O importante é romper esse limite, porque atrás dele há desafio muito maior.

John Maxwell escreveu: "Há pessoas que lutam por uma lembrancinha, aquilo que é dado em um evento; outras lutam por um troféu, que é dado em um campeonato; porém, há pessoas que lutam por um legado, porque isso é o que se deixa para as próximas gerações".

O grande segredo dos ganhadores é que eles ficam em cima das coisas.

"Ficar em cima", ou seja, nos dedicarmos a alguma coisa, é sinônimo de fazê-la crescer. "Tudo aquilo sobre o qual eu não fico em cima tenderá a morrer." Muitas das coisas que se desgastaram, que perdemos, sejam relações afetivas, amigos, trabalhos, carreiras, foram perdidas por não termos ficado em cima delas. Os sonhos importantes são alcançados quando perseguidos. Tudo que cuidarmos crescerá e, consequentemente, liberará seu potencial — quando ajudamos alguém a ser uma melhor versão dele mesmo, o estamos ajudando a liberar seu potencial.

"Ficar em cima" é saber tudo daqueles que amo, do meu sonho; onde, como e quando. Tudo aquilo de que você não ficar em cima tenderá a morrer; e tudo aquilo de que você ficar em cima terá vida.

Aqueles que são chefes, pais, devem se ocupar de "tudo" — dos projetos, das pessoas. No começo, as pessoas pensarão que você só quer persegui-las; porém, quando tiverem crescido, elas reconhecerão em você alguém que as ajudou a crescer, que as motivou a liberar seu melhor potencial.

- "Ficar em cima" é se comunicar todo dia.
- Um casal que não fica em cima com o tempo vai se dividindo, quebrando.
- A pessoa que tem uma equipe de líderes, de gente de trabalho, de funcionários, se não se comunicar diariamente, permanentemente, sistematicamente, se debilitará.
- "Ficar em cima" de nossos filhos significa falar todos os dias com eles. Onde, como, quando, com quem foram, o que fizeram, o que desejam fazer...

O mais importante da comunicação é escutar o que não se diz.
— Peter Drucker

Devemos aprender a conduzir uma comunicação frequente, contínua, rápida. "Ficar em cima" não significa asfixiar as pessoas, nem chamar a atenção, mas saber o que está acontecendo.

3. Quebre seu próprio recorde

Se a velocidade máxima de um carro é de 220 km por hora, esse é o limite dele. Talvez alguém tenha colocado um limite em você, disse até onde podia chegar, porém, hoje, em um processo de contínuo crescimento, é preciso quebrar seu velocímetro mental. Aquele que o invalidou foi o criador de seu paradigma: "chegará somente até aqui; mas a partir daqui, não".

Mas hoje você já não depende de ninguém, cresceu e continuará crescendo porque tem a capacidade de buscar sempre mais; não há nada impossível para aqueles que acreditam em seus sonhos e estão focados neles.

Há algum tempo ninguém podia correr 1,6 km em menos de quatro minutos, até que o corredor Roger Bannister conseguiu, quebrou o "teto"; estabeleceu um novo recorde, um novo limite no velocímetro e, a partir de então, nos dez anos posteriores, 336 corredores também superaram o recorde mundial.

Quando uma pessoa quebra um recorde não só o faz para sua vida, mas também para aqueles que virão depois.
Não serei o melhor, porém, serei o melhor que puder ser.

Talvez você não seja o melhor pai; no entanto, será o melhor pai que puder ser. Não somos chamados a ser o melhor, mas a sermos o melhor que pudermos ser.

Aprenda a se valorizar e continue crescendo diariamente. Cresça até o limite, e então poderá aproveitar o seu prêmio.

Somente as pessoas que se superam e crescem não serão expulsas de nenhum âmbito e poderão exigir o que é seu por direito, e tudo aquilo que tiverem investido em seu crescimento voltará em dobro.

Uma mulher encontrou Picasso na rua e lhe pediu:
— Faz um desenho para mim?
Picasso fez um desenho em três minutos, deu para ela e lhe disse:
— Cinco mil francos.
— Cinco mil francos? Mas você demorou três minutos.
— Não senhora, não demorei três minutos, demorei toda a minha vida.

4

Tenha novas ideias

1. O poder de uma ideia

O maior presente que podemos receber é uma ideia, porque as ideias controlam absolutamente tudo que existe: a moda, os tênis, as marcas... E são ainda mais poderosas do que o ser humano, porque elas não morrem. A educação é uma coleção de ideias.

Uma ideia só pode ser morta por outra ideia; pode-se matar a pessoa, mas as ideias permanecem. Às vezes, é preciso que se passem quarenta, cinquenta anos até que uma ideia se transforme, se atualize. O mundo não é movido por dinheiro, é movido por ideias brilhantes.

Uma ideia pode abrir portas, trazer dinheiro e promover você a um novo patamar. Tudo de que precisamos são boas ideias.

Do que precisamos para resolver os problemas? E para multiplicar e fazer crescer tudo que temos? Para ganhar e recuperar dinheiro? — Boas ideias.

As ideias podem nos ajudar a resolver um problema, a multiplicar o que é bom; porém, o contrário também é verdadeiro: uma ideia ruim também pode deixar você doente e fazê-lo perder tudo que tinha conseguido. É por isso que precisamos de boas ideias.

> *Um filme de sucesso é aquele que consegue mostrar uma ideia original.*
> — Woody Allen

2. Concebendo uma ideia

Tudo nasce com boas ideias. As pessoas têm duas mil ideias por dia na cabeça; só precisamos que algumas delas sejam muito boas para vivermos bem financeira e emocionalmente. Então, a pergunta que devemos fazer é: "De onde vêm as boas ideias?". Vejamos:

- **De outras pessoas.** Sim, podemos copiar as boas ideias dos outros; mas, o façamos somente com o que vale a pena — boas ideias de pessoas certas. Observe e registre para fazer funcionar aquilo que trouxe sucesso e crescimento às outras pessoas.
- **De uma semente.** Existem pessoas que colocarão à sua disposição ideias de ouro, semearão em você essas ideias. Cada vez que você ajuda outra pessoa a se aproximar de seu sonho, é muito provável que ela, em troca, o trate bem, abra uma porta e o presenteie com uma ideia que o aproxime da realização de seu próprio sonho.
- **De ser uma conexão de ouro para os outros.** Ajudar e servir como conexão para o outro fará com que, em agradecimento, você seja recompensado com uma ideia de que precisava para seguir em frente.
- **Simplesmente vêm.** Fiquemos atentos a cada dia, tenhamos à mão papel e lápis. Foi descoberto que, quanto mais rirmos, mais boas ideias teremos. A melhor maneira de ajudar alguém a resolver um problema é contar uma boa piada. Quando a pessoa ri, ela relaxa, o que ativa o hemisfério direito do cérebro, área responsável pela criatividade.

Uma ideia é uma fonte de progressos econômicos, é uma fonte de saúde familiar. A grande maioria dos milionários ficou milionária do nada, ou seja, só com uma ideia de ouro. Você é um daqueles que não têm nada? Nem uma herança, nem um pai rico, nem dinheiro investido?

Se for assim, tenho uma boa notícia: *você é candidato a ser um homem próspero!* Deus fez tudo do nada. É interessante o que diz o Gênesis: "Deus disse, e logo viu a criação". Este é o processo criativo: primeiro digo, depois vejo. Se disser "tudo irá bem", verá que tudo irá bem.

Cada vez que for promovido a um nível mais alto será com uma ideia, porque dará a você a capacidade de chegar e de subir até esse nível.

3. Ideias e resultados

Tudo que vemos é produto de uma ideia: a escrita, o papel, o lápis, o computador. Para seguir crescendo, precisamos ser caçadores de novas ideias; um lar, uma família, uma empresa, nada é liderado com força, mas com sabedoria e ideias que, quando implementadas, produzirão melhora em tudo que fizermos.

Talvez você tenha algum porém e diga: "Eu nunca consigo pensar em nada novo"; mas saiba que isso é totalmente falso, porque todos somos criativos, todos temos capacidade para isso.

O que fazer, então, para ter novas ideias?

Em primeiro lugar, é preciso se divertir mais, pois a alegria ativa a criatividade.

Os seres humanos possuem dois hemisférios cerebrais. O esquerdo é o racional, que pensa e analisa; o direito é o que relaxa, o que festeja, o que está em funcionamento quando nos divertimos. A criatividade nasce desse hemisfério.

> *O importante não é ter muitas ideias, mas a ideia oportuna em cada caso.*
> — Juan Zorrilla de San Martín

Segundo os criativos, **o necessário é pensar em um assunto, analisar todo o material e, depois, não pensar mais nisso.** Você pode ler uma revista, sair para andar um pouco, e distrair por um momento.

Em uma ocasião, tive a possibilidade de estar com alguém muito criativo e de muito sucesso, Carlitos Balá[2], e, aproveitando a oportunidade, fiz muitas perguntas a ele. Uma delas foi saber como ele conseguira criar tantas coisas como o "gestinho de ideia", "que sabor tem o sal", frases que passaram de geração a geração. Ele comentou que uma vez, quando estava na Disney com a filha, precisou esperar um longo tempo para assistir a um show, porque havia muita gente. Então, para se divertir durante aquele tempo, começou a fazer "au! au!". Ao ouvir aquilo, um homem que estava na fila se virou procurando o cachorro, e disse: "Isto está muito bom". Carlitos, então, esticou a mão, como se segurasse uma

2. Famoso humorista argentino. (N.T.)

coleira, e inventou na hora: "Angueto, fique quieto". Ou seja, divertir-se é a capacidade de ter ideias de ouro.

O passo seguinte é **fazer um resumo do seu projeto**. As pessoas criativas aprendem a resumir o que acontece com elas em duas linhas. A capacidade de resumir faz com que o pensamento criativo funcione melhor. Quanto mais capacidade tivermos de explicar "o meu problema é esse" em poucas palavras, de definir aquilo de que precisamos, o que queremos conseguir, maior quantidade de pensamentos criativos ativaremos.

Depois, é necessário aprender a metaforizar. Por exemplo: "se o meu problema fosse um animal, qual seria?". Tenhamos a capacidade de procurar um símbolo.

Podemos ser como a cana, ou como o galho; a cana quebra, o galho se dobra: metáforas. As pessoas criativas procuram imagens: "sou como um copo cheio", "sou como uma taça que derrama alegria"; todas elas são imagens que permitem ver os fatos de outro ângulo.

Em seguida, permita-se enlouquecer um pouco. Quer dizer, pensar em qualquer coisa, dar vazão para que apareçam ideias improváveis, e não dizer coisas do tipo: "Não! Isso não, isso é uma bobagem". A isso chamamos "tormenta de ideias", falar, opinar. Para alguns é mais fácil unir duas ideias e, assim, gerar outra. É saber e dar lugar para que possamos pensar "e o que aconteceria se tal coisa fosse assim? O que aconteceria se fosse assado?".

É ter a capacidade de romper com os paradigmas, é questionar, apesar do que os outros pensem, ou que tal ideia é impossível de ser concretizada. Frente às ideias criativas você sempre ouvirá que está louco, que não se pode fazer isso, que não é o momento, que não há recursos, que não vai conseguir, que está muito velho ou que é muito jovem, que é esquisito.

O juiz Louis Brandeis, ex-membro da Suprema Corte dos EUA, disse: "A maioria das coisas que valem a pena fazer neste mundo tinham sido declaradas impossíveis antes de serem feitas".

Nenhum exército pode deter a força de uma ideia quando ela chega a tempo.
— Victor Hugo

Os criativos, as pessoas com ideias de ouro, aprenderam a não se deixar desanimar pelos outros: você precisa ser forte para que ao seu redor ninguém o canse nem o desconcentre. Muitas vezes, não são as grandes ideias que parecem possíveis, mas sim aquelas pequenas ideias às quais damos lugar para que cresçam junto conosco.

Quando Adams inventou o chiclete, todo mundo foi contra; quando alguém inventou o *walkman*, falaram: "Quem vai querer ter música colada aos ouvidos?". Todas as boas ideias foram rejeitadas. Há pessoas que tiveram grandes ideias e, como acabaram prestando atenção naqueles que não tiveram visão de futuro, as perderam.

- George Lucas, roteirista de *Guerra nas Estrelas,* foi rejeitado por muitos produtores; no entanto, seguiu adiante e escreveu um dos maiores clássicos do cinema.
- Em 1934, Charles Darrow estava desempregado. Para divertir-se, inventou um jogo que vendeu quinhentos milhões de unidades. Ele se chamava Banco Imobiliário. A mesma coisa pode acontecer com você. Em seus tempos de crise, se você tiver uma ideia brilhante, poderá acabar ganhando milhões de reais.
- Cindy Cashman, uma mulher analfabeta de 26 anos, escreveu um livro. Quer saber quanto ela vendeu? Um milhão e meio de livros, a quatro dólares cada exemplar. Sabe como se chamava esse livro? *Tudo que os homens sabem sobre as mulheres.* Ele tinha 128 páginas em branco.

Tenho certeza de que você está se perguntando agora: mas como é possível?! No entanto, foi exatamente assim. Uma ideia, por mais insana que pareça, pode fazer você chegar à meta; e uma ideia que parece boba pode acabar levando você ao topo. Lembre-se de que os recursos para ter boas e brilhantes ideias estão somente dentro de você.

Por último, **tente fazer coisas novas**.

Por exemplo, você gosta de cozinhar? Tente, faça, e, se conseguir, cozinhe algo novo.

Gosta de ler? Se a sua resposta for não, você pode hoje mesmo começar a mudar isso.

Em cada desafio que enfrentar, terá um resultado que ativará sua criatividade. Os imprevistos e as mudanças de planos de última hora, em muitas ocasiões, se transformam em excelentes ideias. Tudo dependerá da sua disposição para fazer algo totalmente fora da sua rotina.

E, quando já tiver uma ideia, melhore-a, sempre é possível melhorar um pouco mais. O guru do marketing Alberto Levy afirmou: "O que não melhora cai no esquecimento". Você conheceu a vitrola que tocava discos de vinil de 78 rpm? Bom, depois dela veio o *walkman*, depois o *discman*, e agora o iPod, e já chegamos ao MP10.

Quando saiu o primeiro celular, ele se parecia com um sapato gigante; depois veio outro menor; e agora todos têm internet, vídeo e centenas de outras opções.

Tudo evolui, tudo avança e tudo surge a partir de uma ideia. Renove-se a cada dia, faça algo diferente e, como disse Levy, "Dê às pessoas o que elas não esperam" — essa é a mentalidade do impulso.

5

Conecte-se com eficácia

1. Conectando-se sabiamente

Tudo na vida se baseia em relações interpessoais: 99% do seu trabalho é feito delas. Desde que acordamos até a hora de irmos dormir, nos relacionamos com os outros. Para ter amigos, para namorar ou para se relacionar com os membros da família, é preciso saber se relacionar com os outros. Quem souber fazer isso bem terá sucesso na vida.

Você pode ter sido um excelente aluno na faculdade, ter feito mestrados, doutorados, enfim, ser um gênio, porém, se não tiver nota 10 na sua forma de se relacionar com os outros, dificilmente a sua rede de conexões será extensa, assim como seus resultados. Precisamos aprender a ter uma boa relação com as pessoas, saber nos conectar com o outro para prosperar. Enquanto algumas pessoas são controversas, outras sabem como estabelecer relações de sucesso. Aprender a se relacionar emocional e profissionalmente é de extrema importância para alcançar seus objetivos.

> *Em sua relação com qualquer pessoa, você perde muito se não tirar o tempo necessário para compreendê-la.*
> — Rob Goldston

Analisemos, então, quatro atitudes fundamentais que farão com que as suas relações interpessoais melhorem e sejam duradouras.

1) Faça elogios inteligentes.

Quantas vezes você já foi criticado? Como se sentiu diante dessa situação? Por outro lado, quantas vezes você foi elogiado? O que sentiu ao ouvir palavras incentivadoras?

Quando valorizamos, estabelecemos uma conexão, geramos empatia com o outro, sempre que o elogio for inteligente e verdadeiro. Mas, o que estou querendo dizer com isso? De nada serve elogiar simplesmente para agradar; um elogio inteligente é enxergar em alguém uma atitude, uma característica boa, e expressá-la em palavras. Quando conseguirmos fazer isso, estaremos estabelecendo "conexões de ouro". As pessoas estão acostumadas a que somente seus defeitos sejam observados; por isso, destacar virtudes e capacidades gera empatia. Perante cada fato da vida, podemos escolher como reagir. Se você chegar ao trabalho e disser "Como é possível que ninguém nunca traga alguma coisinha para comer?", é provável que seus colegas pensem: "Por que ele não compra?". Mas, se em vez disso, você falasse "Que legal seria comer alguma coisinha com esse cheirinho de café...", certamente algum dos presentes responderia: "É verdade" — e, talvez, ele mesmo se ocupe de comprar. A discussão, o constante confronto e a crítica, tudo isso faz com que as pessoas se distanciem; o elogio inteligente faz com que se aproximem.

2) Sejamos otimistas inteligentes.

As pessoas otimistas não vivem em um mundo de fantasia; elas veem sua realidade. No entanto, sabem que seu futuro ou seu lugar de chegada não é aquele onde se encontram agora; sabem que dentro delas há um potencial que as levará para um lugar muito melhor.

Não há lugar para mais pessimismo, dor e tristeza. As pessoas precisam de uma palavra de ânimo e sabedoria, precisam saber que existe uma força em seu interior que as incentivará a melhorar, se souberem se conectar corretamente em todas as áreas de sua vida.

O otimismo é a fé que conduz ao sucesso; nada pode ser realizado sem esperança.
— Helen Keller

Se você for pai, lembre-se de quando seu filho lhe mostrou seu primeiro desenho. Seguramente, você olhou e não entendeu nada. No entanto, qual foi a sua atitude? Por acaso falou: "Não entendo nada!", ou "Que lindo o que você desenhou!"? As pessoas precisam saber que sempre há alguém disposto a ajudá-las a extrair o melhor delas, que haverá alguém disposto a estender a mão.

3) Escutemos com inteligência.

Todos precisam ser escutados. Mais do que um conselho, o que esperam é que haja alguém capaz de se sentar e perguntar: "Vamos, me conte o que acontece com você!". Em muitas oportunidades, quando nos encontramos com alguém para conversar e ouvir seu desabafo, estamos esperando uma pequena chance de pronunciar uma palavra, dar um conselho ou contar que o que aconteceu conosco é muito pior. No entanto, o mais importante não é a palavra que possamos dar, mas sim estarmos atentos ao que a pessoa quer e precisa dizer.

Seja uma pessoa aberta, confiável,
capaz de escutar o outro sem julgá-lo.

4) Sejamos pessoas expressivas.

O tom de voz, os seus gestos, a sua postura corporal devem ser de aprovação. A maneira como nos expressamos, a forma com a qual nos comunicamos, pode inspirar otimismo ou desânimo, paixão ou descontentamento.

Se soubermos colocar em prática essas quatro atitudes, sempre teremos uma nova oportunidade. O jogo não acaba até chegarmos ao *sim*, ao ver os nossos sonhos realizados.

> *Sua verdade aumentará à medida que souber escutar a verdade dos outros.*
> — Martin Luther King

2. "A mudança começa por mim"

É preciso desenvolver o autodomínio, aquela atitude que permitirá enxergar o contexto de toda a situação e escolher a melhor forma de reagir. Dizer tudo que se pensa, não ter "papas na língua", não é ser sábio nem prudente. Ser inteligente e ter domínio de si mesmo é saber eleger o que é mais conveniente e o que convém negociar ou ceder. Quando aprendermos a nos relacionar, seremos mais felizes, teremos menos problemas familiares, emocionais e no trabalho, e cada relação que estabelecermos fará cada vez mais progressos. Muitas vezes, o problema não está no mundo, no outro, mas em nós mesmos. Você pode passar pela prova da universidade; entretanto, se não souber criar empatia com aqueles que o rodeiam, seus vínculos se dissolverão com o tempo.

Quando você alcançar o autodomínio e a responsabilidade, será capaz de se responsabilizar pela sua situação e, ao fazer isso, poderá conectar-se positivamente com os outros. Assim, não jogará mais a culpa no mundo. Ou seja, se você não estiver crescendo economicamente, não é por culpa do país ou da economia, mas sim daquilo que está fazendo para conseguir o que deseja. Então, é hora de se perguntar: "o que fiz para alcançá-lo?". A partir desse reconhecimento, faremos "amizade" com o mundo, geraremos novas oportunidades e tudo começará a funcionar como esperado.

Do mesmo modo, devemos aprender a comemorar quando o outro se dá bem. Celebre as conquistas do seu colega de trabalho, as promoções, as matérias aprovadas, os sucessos econômicos dos seus pares, uma bênção, porque tudo o que celebrar do outro virá para a sua vida. *Se você for capaz de festejar as alegrias dos outros, elas serão a antecipação do que logo você estará festejando para a sua própria vida.* Lembre-se de que o semelhante atrai o semelhante.

3. O meu "eu" sadio estabelece "relações sadias"

Não há ser humano mais extraordinário do que a pessoa competente e humilde. A pessoa orgulhosa termina sozinha, a impulsiva também; mas a pessoa que sabe estabelecer conexões sadias sempre chega ao cume. Se for para ficar bravo, que seja com você mesmo, com a situação que não aceita e não quer para a sua vida; ao fazer isso, descubra que dentro de você há um potencial, um domínio próprio, coragem, valor e forças para fazer a mudança de que precisa.

Tudo está dentro de você; de tudo que há no seu interior sairá o que você é capaz de dar. Procure todos os dias um motivo para ser feliz; elogie, parabenize, escute, semeie no outro e colherá muito mais do que plantou. *Tudo o que você faz pelos outros retornará à sua vida multiplicado; é um princípio que não falha. Tudo que se respeita se aproximará da sua vida; tudo que se festeja no outro será celebrado na sua própria vida.*

Permitamos ao outro ser como é. Respeitemos a sua individualidade; quando fizermos isso, ele respeitará a nossa. Fomos criados como seres livres para só dominarmos a nós mesmos.

Ninguém chega ao topo do Everest por acaso.
— Autor desconhecido

Se aquilo que você exigir priva o outro de seus gostos e preferências, da maneira de pensar ou do estilo de vida, estará violentando a sua individualidade e o direito de ser como ele escolheu ser.

"Eu devo ser eu, e você deve ser você." Ninguém pode ser totalmente feliz enquanto não for livre. E você é livre quando respeitar a sua individualidade; por isso, não deve ser a cópia de ninguém, precisa ser quem é. A partir daí, você poderá respeitar os seus pares e estabelecer com eles vínculos e redes interpessoais e sociais sadias, produtivas e eficazes.

6

Construa pontes

1. Todos ganham

Cada um deve ser líder da sua própria vida, do seu sonho, do seu projeto; ninguém pode fazer isso, exceto você mesmo. *Liderança é sinônimo de influência, condução e construção.*

O que significa isso? Que um bom líder constrói pontes, sabe se conectar com as pessoas, procura pontos em comum, não aquilo que os diferencia, mas sim o que os une e os conecta. Um líder de excelência ajuda os outros a triunfar!

Egoísta não é aquele que pensa em si mesmo, mas sim o que não pensa nos outros.

Na mente do egoísta existe o paradigma de que há gente que ganha e gente que perde, pelo qual ele diz para ele mesmo: "Eu não quero perder, quero ganhar"; ao contrário, a pessoa que ajuda pensa: "Eu ganharei porque você vai ganhar, e assim todos sairemos no lucro".

Um egoísta não ajuda o outro a triunfar, pensa: "A vitória dele é a minha derrota". Por sua vez, os que sabem ajudar dizem: "A sua vitória é minha também e, quando você triunfar, todos ganhamos".

Não se canse de fazer o bem, porque, ao final, você terá uma bela colheita.
— Paulo de Tarso

Quando uma pessoa se torna uma ponte para outra, ela gera um fruto, algo que chegará a sua vida pelo simples fato de ajudar alguém a alcançar o sucesso. Esse é um princípio que funciona. Você é grande não só quando vence, mas também quando é capaz de abrir caminhos para que os outros também o consigam. Uma pessoa não é grande quando é nomeada chefe de uma empresa, por exemplo, mas sim quando é capaz de ser uma ponte para os outros.

2. Mãos à obra

Uma das emoções mais maravilhosas que se pode ter é ajudar alguém a vencer obstáculos. Ao mesmo tempo, precisamos entender corretamente a que nos referimos com ajudar o outro.

Ajudar não significa: "Vou hipotecar a minha casa por você"; "Vou lhe emprestar dinheiro"; "Pode pegar o meu título de propriedade"; "Vou me sacrificar, eu aceito a dor para que você esteja bem".

Ajudar é construir uma ponte para que o outro alcance seu sonho.

Há diferentes formas de fazer isso:

- **Reconhecendo as pessoas.** John Maxwell, um dos maiores líderes do momento, aplica a regra dos 30 segundos: use os primeiros 30 segundos para dizer algo positivo à pessoa que tiver ao seu lado. O mais importante em uma relação são os primeiros segundos, e devemos utilizá-los para reconhecer, parabenizar e dar uma palavra de incentivo.
  Cada vez que fizer contato com alguém, não coloque o foco em si mesmo, mas nele. Se souber fazer isso, gerará uma ótima impressão e conseguirá receptividade à sua mensagem.
- **Dar mérito ao outro.** Criar uma ponte é ser capaz de dar crédito ao trabalho dos outros. Quando a sua autoestima estiver elevada, você será capaz de reconhecer o sucesso e a fortaleza de quem está

do seu lado. Pense em como você se sente cada vez que alguém o reconhece, o elogia e ressalta algo maravilhoso da sua vida. Não se sente melhor? Quando uma pessoa tem a capacidade de fazer isso, conquistará a simpatia das outras; há, basicamente, dois tipos de pessoas: as que tiram proveito de você, sem oferecer nada em troca; e as que farão uma conexão com você, o aproximando de seu propósito.

O homem mais feliz do mundo é aquele que sabe reconhecer os méritos dos outros e se alegra com o bem alheio como se fosse próprio.
— Johann W. von Goethe

Uma lenda judia conta que dois irmãos estavam compartilhando um campo e um moinho. Cada noite dividiam o produto do grão que tinham moído juntos durante o dia. Um deles vivia sozinho e o outro estava casado e tinha uma grande família.

Um dia, o irmão solteiro pensou: "Não é justo que dividamos o grão de maneira equitativa, eu só preciso cuidar de mim mesmo, mas o meu irmão tem crianças para alimentar". Então, cada noite, secretamente, levava um pouco da sua farinha ao porão de seu irmão.

No entanto, o irmão casado pensava na situação de seu irmão e dizia: "Não está bem que dividamos o grão equitativamente, porque eu tenho filhos que me proverão quando eu for ancião, mas o meu irmão não tem ninguém, o que fará quando for velho?". Dessa forma, cada noite levava secretamente parte da sua farinha e a colocava no porão de seu irmão.

Logicamente, a cada manhã os dois encontravam suas provisões de farinha, misteriosamente, com a mesma quantidade.

Até que uma noite se encontraram no meio do caminho entre suas casas, e perceberam que o mais valioso que tinham era o amor um pelo outro.

Não coloque um freio na sua capacidade
de ajudar os outros a triunfar.

Todo aquele que é capaz de ser uma ponte gerará mudanças nos ambientes onde estiver, e através dela poderá transmitir tudo o que sabe.

> *Ajudar quem necessita não é apenas parte do dever, mas da felicidade.*
> — José Martí

Se formos capazes de realizar essas transformações, poderemos receber o melhor dessas mesmas pontes que fomos capazes de gerar.

3. A lei da associação

Essa lei afirma: "Diga-me com quem anda e eu direi onde e como vai terminar". Se você decidir unir-se aos sábios, sábio será; porém, se o fizer com ignorantes, ignorante será, e estará desperdiçando tempo e anos maravilhosos da sua vida.

Esta história, de autoria desconhecida, chamada "A lei do caminhão de lixo", descreve magnificamente o significado dessa lei.

Há 16 anos, eu aprendi essa lição em um táxi de Nova York:

Subi no táxi rumo à Estação Central de trem e, quando íamos pela faixa da direita, por pouco não batemos em um carro que, de repente, saiu a toda velocidade de onde estava estacionado. O motorista do táxi chegou a frear, derrapou e quase batemos no carro que ficou na nossa frente. Depois disso, o motorista do outro carro, o que quase causou o acidente, colocou a cabeça para fora da janela e começou gritar todo tipo de insultos em nossa direção. Ainda me recuperando do susto, o que acabou de me tirar do sério foi a atitude do motorista do meu táxi que, de forma extremamente amistosa e cortês, sorria e cumprimentava com a mão o motorista do outro carro. Eu estava furioso e confuso, mas não deixei passar e perguntei por que ele sorria e cumprimentava o homem que quase nos tinha feito bater, destruir o seu táxi e possivelmente até nos mandar para o hospital. Então, o taxista, pausadamente, me contou o que agora eu chamo de "A lei do caminhão do lixo".

"Olhe", ele disse, "está vendo aquele caminhão de lixo?". "Sim", eu falei, "o que isso tem a ver?". "Pois, assim como esses caminhões de lixo, existem muitas pessoas que vivem cheias de lixo, frustração, raiva e decepção. À medida que o lixo se acumula, elas precisam encontrar um lugar onde esvaziá-lo e, se você permitir, certamente o farão em você. Por isso, quando alguém quer esvaziar o lixo em mim, não tomo como algo pessoal; em vez disso, sorrio, cumprimento, desejo todo o bem do mundo e continuo o meu caminho. Faça isso você também e verá como é agradável, eu garanto".

A partir desse dia comecei a pensar em quantas vezes eu permito que esses "caminhões de lixo" me atropelem; e me perguntei quantas vezes pego esse lixo e espalho para outras pessoas em casa, no trabalho ou na rua. Então, prometi que nunca mais ia permitir isso. Comecei a ver caminhões de lixo e, assim como a criança do filme "O Sexto Sentido" dizia que via gente morta, bom, agora eu vejo os caminhões de lixo. Vejo a carga que trazem, vejo que querem jogar tudo que sentem de ruim em mim e, como o taxista recomendou, não tomo como algo pessoal — sorrio, cumprimento, desejo o melhor e sigo em frente.

Em um determinado momento da história, a Alemanha se encontrava dividida em duas. Uma delas decidiu encher um caminhão de estrume e jogá-lo do outro lado do muro; em resposta, a outra Alemanha carregou um caminhão com cobertores, alimentos e um grande cartaz que dizia: "cada um dá o que tem dentro de si". Haverá pessoas, pontes de ouro, que no pior momento da sua vida o aproximarão do seu sonho.

- Warren Buffett é um dos homens mais ricos da história no mundo todo. Esse senhor, como não tinha todos os requisitos necessários para entrar em Harvard, foi recusado antes de ter a oportunidade de se inscrever e de provar sua capacidade; por isso, decidiu ir para a Universidade de Columbia. Lá, um de seus professores virou seu amigo e mentor. Ensinou-o a investir dinheiro na bolsa e, assim, ele se tornou multimilionário. Warren Buffett disse: "Graças a ter sido rejeitado em Harvard, eu descobri os milhões".
- Um garoto australiano nunca havia atuado em um filme — ninguém jamais o tinha chamado. De repente, quando finalmente decidiu se apresentar para um teste, foi assaltado por três ladrões, no dia anterior; eles o espancaram e desfiguraram seu rosto. De qualquer maneira, ele foi para o teste e, para sua surpresa, quando o produtor bateu o olho nele, disse: "É exatamente o que eu estava procurando... Um cara bruto!". Por ter sido roubado e ter o rosto machucado, Mel Gibson iniciou sua carreira de ator.
- Joseph Pulitzer, um homem extremamente pobre, chegou aos Estados Unidos sem um tostão para comer. Por isso, decidiu fazer o que sabia: jogar xadrez. Jogava com um, com outro, até que estabeleceu

uma relação com um de seus adversários. Seu oponente no jogo perguntou: "O senhor trabalha em quê?"; ao que Joseph responde: "Não tenho trabalho". Imediatamente o homem responde: "Tudo bem, eu vou lhe dar um emprego de *office boy*. Sou dono de um jornal...". Joseph entrou na empresa como *office boy*; depois, começou a escrever alguns artigos; posteriormente, tornou-se chefe, adquiriu ações e, no final, comprou o jornal.

Aprendamos a investir tempo em relações. Sejamos pessoas socialmente sadias, pessoas coletoras de relações sadias.

As pessoas com expectativas positivas atrairão para sua vida melhores relações interpessoais. Seja sábio e não permita que alguém jogue o lixo na porta da sua casa.

7

Procure um mentor

1. O poder de um mentor

"Mentor" é um termo utilizado pelas organizações. Nas melhores universidades é normal indicar um mentor a cada aluno. As grandes empresas investem muito dinheiro em treinamento para seus funcionários. Para uma empresa séria, é conveniente que você esteja bem preparado e formado: "quanto melhor fizer, mais renderá".

- Todos nós precisamos de mentores, seja no trabalho, na escola; enfim, em todas as áreas nas quais nos desenvolvemos.
- Todos precisamos ser supervisionados por um mentor. Supervisionar é perguntar: "Como me saí?"; "O que você acha?".

Mentor é aquele a quem você pode perguntar em que pode melhorar. Não é necessário impressioná-lo; o que precisamos aprender com ele é saber identificar o que deu certo e colocar isso em prática.

O mentor é alguém que aconselha, que forma o outro naquele aspecto no qual ele está avançado na sua carreira. Um bom mentor não discute com seu discípulo; é tão eficiente que, em minutos, poderá dar uma palavra de sabedoria que transformará suas ideias e fará com que sua vida mude completamente.

> *Mais valioso que o dinheiro é um sábio conselheiro.*
> — Autor desconhecido

Um mentor ensina você a chegar ao seu próximo nível; ele tirará você do anonimato e o animará a chegar a lugares inéditos. Ele lhe dará segurança.

- Segurança é o que faz com que uma pessoa que perde o emprego siga em frente, confiante, porque sabe que o próximo será melhor.
- Segurança é o que pode amenizar o sofrimento de alguém ao enfrentar uma doença; e a esperança de que, depois dessa fase, acontecerá algo de novo e bom em sua vida.
- Segurança é o que faz aquele que viveu na escuridão poder vir a ocupar um lugar honrado.

Um bom mentor nunca culpará o educando por alguma coisa. Em vez disso, ele irá fortalecer suas capacidades. Um bom mentor dirá: "O seu destino não é onde você está agora; esse é apenas o ponto de partida para o início das suas conquistas".

> *Segurança não significa que as situações certifiquem que você está seguro; mas que você afirme às situações que se sente seguro.*
> — Noriam

Uma macieira não repete o dia todo: "Sou uma macieira... Sou uma macieira...". Não! Ela sabe em essência quem é. Um mentor de excelência vai fazer com que você descubra todas as suas aptidões capazes de ajudá-lo a vencer os obstáculos, independente do âmbito.

Um mentor é alguém que já fez o que você quer fazer, e, desse modo, lhe permite seguir os mesmos passos e alcançar a meta. É aquela pessoa que se tem como referência, que está na sua frente, jamais atrás — porque quem está atrás, em algum momento, precisará de nós.

Um verdadeiro mentor nunca vai se oferecer para ajudá-lo, porque eles precisam ser perseguidos: ele nunca lhe dará um conselho se você não demonstrar necessidade.

> *Há dois tipos de pessoas: as que voam e as que se penduram nas que voam.*
> — Lucas Márquez

Um mentor é como um ímã que atrai gente de sua mesma natureza; atrai gente com propósito e destino; conhece aquele que atrai, porque o ímã atrai o ferro e descarta o oposto.

Um mentor sente paixão por tudo que faz, e com essa mesma paixão transmitirá a você todo seu conhecimento; ele não tem medo de transmitir o que aprendeu, porque sabe que, logo que possível, se renovará mais uma vez; e sabe que é detentor de uma potência ilimitada e inesgotável.

Um bom formador sempre o empurrará para que você seja o primeiro; ele o treinará para competir e ganhar.

Sem dúvidas, já ouviu falar que "o importante é competir". Certamente sim, no entanto, podemos contestar essa verdade que muitas pessoas adotaram. O importante é ter uma mente ganhadora, uma mente com vontade de avançar.

Um bom mentor avisará quando tempos emocionantes estiverem chegando. Ele vai tirá-lo da rotina da sua luta, da sua mente, do estar tentando encontrar uma solução para aquilo que já não serve. Desse lugar, você precisa procurar um mentor e ter muita clareza de que ele *não* é um amigo. Vejamos as diferenças:

- Um amigo o acompanha na celebração do seu sucesso; um mentor corrige seus defeitos.
- Com um amigo, você está confortável; um mentor o incomodará: estará sempre desafiando você a querer mais.
- Um amigo está do seu lado; o mentor faz com que você se concentre.
- Um amigo enxerga até determinado ponto; um mentor enxerga além, até onde você ainda não chegou.
- "Um amigo o ama como você é; um mentor o ama mais e quer deixá-lo como você quiser ser." (Mike Mourdok)

Quando soubermos diferenciar entre ambos, saberemos que na presença de um mentor devemos ser concisos e aproveitar o máximo do tempo com ele.

2. Sei que há mais...

Peter Drucker disse: "A minha maior fortaleza como assessor é ser ignorante e fazer algumas perguntas".

Para aprender de maneira eficaz, devemos aprender a ouvir, sermos humildes e reconhecer que, ainda que tenhamos conseguido muito, isso não implica que já saibamos "tudo de tudo".

A pessoa "ensinável" é aquela que sabe que sempre há muito mais para aprender e extrair daqueles que souberam ser alunos e hoje são mestres. Todo aquele que avança sem limites reconheceu que o aprendizado é contínuo e permanente.

Se aprendermos com um mentor e aceitarmos sua palavra, o amanhã será muito maior do que nosso presente. Se você for capaz de descobrir como pensa o seu mentor, qual o seu sistema de crenças, aprenderá mais a cada dia, e então tomará decisões mais inteligentes. Consequentemente, obterá resultados extraordinários e, quando seu sonho estiver finalmente realizado, poderá ser você o mentor de outras pessoas.

Existe um tempo imprescindível de treinamentos. Contudo, haverá outro tempo no qual se tornará mentor de outros.

A satisfação que se sente ao tornar-se um formador é muito grande e especial. Os maiores homens da história foram pais. O que quero dizer com isso? Que os grandes homens, aqueles que fizeram e escreveram a história, tiveram discípulos que seguiram a missão que tinham começado. Jesus, o maior líder de toda a humanidade, deixou um legado vigente para todas as gerações.

> *O sábio não fala muito, mas sabe escutar.*
> — Autor desconhecido

Certos homens foram mentores, e alguns formaram outros para que pudessem se expandir, deram ferramentas úteis para alcançar tudo a que tinham se proposto.

Todos os grandes homens formaram outros.

As pessoas de propósito, "os mentores", sabem deixar marcas e herança; morrem totalmente esvaziados. Eles ensinarão que, na vida, sonhos existem para serem alcançados. Deve-se ajudar os demais a serem atirados como uma flecha até o propósito deles. Como se faz isso?

- Acreditando no outro, valorizando-o, aplicando a Lei da Expectativa.
- Ensinando que dentro de cada um há um potencial que, quando despertado, acertará precisamente no alvo.
- Dando-lhes confiança. Cada vez que uma pessoa confia em nós e nos motiva a nos superar mais, nos impulsiona para enfrentar novos desafios.

A Lei da Expectativa estabelece que se um chefe, um tutor, um mentor ou um pai elaboram um conceito de validação e estima positiva sobre uma pessoa, e essa pessoa sabe o que os outros esperam dela, seguramente responderá a tudo que estão esperando. Se, pelo contrário, o que é dito sobre suas capacidades resume-se a menosprezo e baixa estima, é muito provável que seu rendimento seja pobre, e os resultados negativos. Se decido colocar uma expectativa brilhante sobre alguém, sem dúvidas ele irá se esforçar para alcançar esse nível.

Aquele que serve é maior que o servido.

- **Expressar respeito e apoio é ajudar alguém a manter a saúde emocional sadia.** Tudo começa quando você acredita em si mesmo. As crenças de uma pessoa afetam a conduta dos outros, determinando, em grande medida, sua resposta.
- **Quanto maiores forem a expectativa do mentor e a capacidade que tiver para desafiá-lo, quanto mais estima possa dar, maior será seu rendimento.**

Os resultados e as respostas que obtivermos dependerão, em grande medida, da confiança que tiver sido depositada em nós. Pessoas inseguras terão condutas de acordo com o nível de expectativas que possuem.

Se tomarmos os homens tal como são, nós os faremos piores; mas, se os tratarmos como se fossem o que deveriam ser, os levaremos para onde nunca estiveram.

Se quisermos avançar na vida, e fazer novas conexões, precisaremos de mentores. Um mentor é um atalho. E o sucesso deixa rastros. É possível chegar às metas pela estrada normal ou cortando caminho, ou seja, economizando tempo e energias. Para isso, existem os mentores; eles o pouparão de grandes dores de cabeça.

Um mestre tem efeito por tempo indeterminado, e nós nunca sabemos até onde continuará sua influência. Após decolar, há um momento em que o avião alcança determinada velocidade, e já não pode mais parar. Se aplicarmos isso ao trabalho do mentor, o definiremos assim: quando puder escutar e aprender com ele, o seu potencial decolará de forma inesperada e incontrolável, e você jamais poderá retroceder.

Não se pode andar com pessoas estagnadas, mas sim com aqueles que nos desafiam a ir aonde nunca fomos, a escalar uma montanha que nunca escalamos.

Quando estiver com esse tipo de pessoas, a força que emana delas o levará a um novo nível de rendimento e de resultados. Posicione-se atrás de um *Fórmula 1*, não importa que não possa alcançá-lo; siga-o e acredite nas pessoas de mentalidade avançada. Em pouco tempo, você será um deles, um *Fórmula 1*.

8

Elabore um plano

1. Eu tenho um "porquê"

Todo projeto começa com um plano. Tudo que acontece está baseado em um plano para ser levado adiante; e cada elemento é criado com um determinado propósito.

Propósito é o plano original para a sua vida, sua verdadeira vocação. Conhecê-lo e cumpri-lo fará você feliz. E ele foi pensado quando você ainda estava no ventre de sua mãe. Hoje sabemos que aos cinco meses de gravidez o bebê já tem a capacidade de ouvir, lembrar e aprender.

O primeiro violoncelista do Teatro Colón[3] contou que certa vez ensaiava uma composição muito difícil, que os outros músicos não conseguiam tocar; no entanto, para ele, era muito fácil. Quando chegou em casa, contou a história à sua mãe, e ela lhe disse: "Não me surpreende, esse tema musical era o que eu ouvia quando estava grávida de você".

Por isso, em primeiro lugar, é preciso conhecer o propósito pelo qual você nasceu, para, a partir dali, estabelecer um plano de metas a serem alcançadas.

A grandeza de uma pessoa é fruto de sua conexão com seu propósito.

---

3. Principal teatro da Argentina, considerado um dos cinco melhores do mundo. (N.T.)

Potencial e propósito são as duas maiores revelações que uma pessoa pode conseguir — saber que tem a habilidade e o poder de conseguir o que deseja, porque nasceu com esse propósito.

O propósito nunca se modifica, porém, é necessário ter um plano para concretizá-lo.

Na crítica serei valente, severo e absolutamente justo com amigos e inimigos. Ninguém vai mudar este propósito.
— Edgar Allan Poe

Certa ocasião, durante um almoço de trabalho, um diretor me perguntou:

— Bernardo, qual é seu objetivo com o último livro que escreveu?

E eu respondi:

— Qual o motivo dessa pergunta?

E então ele comentou que, em um jantar com Francis Ford Coppola, diretor de cinema, fez a mesma pergunta: "O que você pretende com seu último filme?".

Coppola respondeu: "Que nos próximos vinte anos seja visto pelo mundo todo".

O que isso significa? Que Coppola tinha produzido um filme com um plano. Que todas as áreas da nossa vida precisam ser planejadas.

Planejar é saber, detalhar, escrever, desenhar de que maneira chegaremos ao nosso objetivo. Existe um tempo necessário de processo, de formação, um tempo no qual você terá que elaborar um plano que facilite a aproximação ao seu objetivo.

O plano são os passos que preciso dar para chegar à meta.

- Quer gozar de uma boa saúde? Qual é seu plano?
- Quer progredir economicamente? Qual é seu plano?
- Almeja ter paz dentro de casa? Qual é seu plano?
- Deseja se comunicar melhor com seus filhos? Qual é seu plano?
- Precisa procurar um novo emprego? Qual é seu plano?
- Está procurando melhorar e aumentar sua rede de relações interpessoais? Qual é seu plano?

Detalhemos os passos que transitaremos até chegarmos ao objetivo. Quando temos o plano, estamos qualificados para colocá-lo em prática.

Organize seu tempo e escreva de que maneira fará isso. Se o interesse é publicar um *best-seller*, antes de começar a escrever preciso pensar em um título, no enredo, pesquisar, procurar uma editora, elaborar um plano de divulgação para mostrar meu trabalho.

Se o meu interesse é construir um prédio, primeiro devo pesquisar sobre o terreno que vou comprar, e se nesse espaço é permitido fazer construções. Se for, é preciso saber quantos metros tem, que tipo de edificação a prefeitura local permite e, assim, ver se o preço de venda final está de acordo com a região na qual eu quero investir; além disso, quais são as minhas expectativas para esse espaço da cidade. Ou seja, há um planejamento a seguir.

Muitas pessoas são sonhadoras, porém, não têm planos. Você pode dizer: "Eu sonho em ter uma grande empresa", e isso é muito bom, mas, se você não souber como fazê-lo, será para sempre apenas um desejo, ou uma ilusão.

> *Se não sabe para onde vai, acabará em outro lugar.*
> — L. Peter

Precisamos ser homens e mulheres decididos.

Defina o seu sonho e, a partir daí, trace um plano.

Brian Tracy afirma: "De cada dez minutos que você investir planejando, poupará dez em execução. Aquele que fracassa em planejar está planejando fracassar".

Todos os dias, ao levantar, reserve um tempo para escrever três coisas que você minimamente fará para alcançar o seu sonho.

Ninguém poderá cumprir essa tarefa no seu lugar, porque ela interessa só a você.

2. Tenha objetivos claros e precisos

Há pessoas que dizem: "Eu quero ganhar muito dinheiro", e é claro que será muito bom. Porém... o que você está fazendo hoje para conseguir isso? Quais as três coisas que poderia estar fazendo agora mesmo para alcançar esse propósito? Para quem você ligou para contar sobre seu projeto? O que vai fazer amanhã? E nas próximas duas horas?

Registre as etapas que deve seguir e, todos os dias, comprometa-se a realizar três delas para alcançar seu sonho. Produza algo diariamente e chegará o momento em que verá seu sonho realizado — não se detenha!

Mark Victor Hansen escreveu *Histórias para aquecer o coração*. No entanto, antes de ser conhecido, 140 editoras lhe disseram "não". Quando chegou à de número 150, recebeu um "sim", e então vendeu cem milhões de livros.

> *Quase todo o seu futuro depende das ações que estiverem registradas no livro de sua vida.*
> — Autor desconhecido

Não precisamos que todos nos digam "sim"; o importante é seguir em frente, andar, andar, andar... E, quando tiver encontrado a sua conexão ou batido na porta certa, receberá o "sim" que o levará ao sucesso.

Estabeleça metas pequenas. Se a sua lista de clientes for de cem pessoas, tente aumentá-la 10% em um mês, e assim sucessivamente. Ao ver isso realizado, elevará sua autoestima, e cada meta alcançada o motivará para a próxima. Será preciso conquistar passo por passo. Seu sonho precisa ser construído com um plano: esquematize o lugar onde você está hoje, suas possibilidades e para onde quer ir.

As pessoas que têm um propósito sabem que precisam estabelecer metas para chegar ao topo.

Não peça para ter grandes vitórias e sucesso, se antes não experimentou pequenos desafios. Antes que Davi conseguisse vencer o gigante Golias, já tinha derrubado um urso e um leão.

As pequenas batalhas vencidas são o ensaio das grandes vitórias que estão por vir. Cada pequena vitória está preparando você para seu próximo grande sucesso.

3. Máximo rendimento

Os japoneses têm um ditado popular que diz: "Comprem um carro americano; imitem-no, igualem-no e superem-no".

Haverá momentos nos quais você deverá ser atrevido e arriscar-se pelo que acredita ser o melhor para sua vida. Abrace o seu sonho, seu plano e, quando chegar lá, comemore! Tudo aquilo que comemorar ficará na sua vida.

> *Se você vai para a guerra, sente-se e planeje; não deixe que seu inimigo esteja melhor equipado e consiga destruí-lo.*

E, se o plano que traçou não funcionar, seja flexível e mude, procure novas estratégias; não se apaixone pelos planos. Às vezes continuamos fazendo as coisas que não funcionam e esperamos resultados diferentes. Falamos: "Eu tento, tento, e nada dá resultado"; mas o fato é que não podemos continuar fazendo sempre a mesma coisa. Precisamos nos distanciar e deixar de fazer aquilo que não funciona.

Devemos aprender a não nos iludir com aquilo que não produz absolutamente nada. Não persista no que não funciona.

> *A ciência se compõe de erros, que por sua vez são os passos até a verdade.*
> — Júlio Verne

Somente duas mudanças precisam ser levadas adiante.

Em primeiro lugar, **mente aberta**. Se a sua mente se abrir, poderá receber tudo que houver de novo e útil para chegar ao objetivo. Na Idade Antiga, o odre era uma bolsa de couro onde se armazenava vinho. Quando ela secava, perdia flexibilidade, e isso fazia com que o vinho fermentasse. Sem a elasticidade, o couro rasgava e, consequentemente, o vinho se derramava.

Da mesma maneira, precisamos de uma mente que seja ampla e flexível; caso contrário, não poderemos nos adequar às eventuais mudanças de planos que tivermos de fazer. Muitas pessoas, ao ouvirem algo que vai de encontro ao que pensam, dizem: "Como eu não sabia disso, não pode ser, não é verdade". Acreditam que seu conhecimento é tudo que existe. Ser estrito, rígido, autoritário e ter a mente fechada não permitirá que você se abra às mudanças.

A mente fechada se expressa até na rigidez física. Há pessoas rígidas, que não têm mentores, porque "já sabem tudo", que não se permitem desfrutar suas emoções. Tudo que é emocional incomoda, pois a própria insegurança faz com que desejem ter o controle de tudo e de todos. Precisam se mexer no mundo do conhecido, já que o imperativo e o dever as governam: "Isso deve ser feito assim, e ponto".

O objetivo de ter uma mente aberta, como o de uma boca aberta, é enchê-la de algo valioso.
— Gilbert Keith Chesterton

A nossa mente não pode estar condicionada a um piloto automático, porque assim só questionará o que deve fazer, sem se interessar se aquilo é ou não útil para alguma coisa.

Para poder receber o novo, precisamos ter uma mente aberta.

Não há nada pior do que uma mente fechada!
Se você abrir a sua mente, receberá o vinho novo e, tudo a que se propuser, poderá alcançar.

Em segundo lugar, saiba que **uma mente aberta atrai pessoas com visão igualmente aberta.** Quando você se dispõe a conhecer o novo, inevitavelmente as pessoas também abertas ao novo se aproximarão de você.

Quando sua mente estiver aberta, você poderá estar na casa daquele que é diferente, em qualquer circunstância. Terá habilidade para estar com intelectuais e com ignorantes, com grandes homens e com aqueles que não puderam conquistar seus objetivos. Você poderá se relacionar com qualquer pessoa, e em qualquer circunstância estará pronto para enfrentar qualquer desafio que chegar às suas mãos. E esse novo propósito que tiver recebido, essa flexibilidade de poder abandonar o que não funciona e abraçar aquilo que dá certo, ativará seu compromisso com seu próprio plano.

"Ativar o compromisso" significa dar-se e entregar-se em favor de uma causa. A mente fechada não sabe para que vive, porque sucesso é saber por qual razão se está no mundo.

Você já é bem-sucedido quando conhece os sonhos que moram no seu coração.

O vinho novo lhe dará a capacidade de se arriscar e se entregar por uma causa, e jogar toda sua energia, o seu tempo e seu dinheiro em favor do propósito e do plano que traçou para sua vida.

Uma mente aberta não lhe permitirá ser indiferente, pois tirará você do lugar onde nada acontece para ir onde as coisas acontecem.

> *Mostre-me um operário com grandes sonhos e nele vai encontrar um homem que pode mudar a história. Mostre-me um homem sem sonhos e nele vai encontrar um simples operário.*
> — James Cosh Penny

Lembre-se:

Quando um barco está em alto-mar e um avião decola, eles já têm definidas suas rotas; quando um arquiteto projeta um prédio, ele tem um anteprojeto pronto.

Nós também precisamos fazer planos para o nosso próximo grande momento; ter um plano A, plano B, plano C, plano D, e sermos flexíveis para implementá-los no momento certo, fazendo todas as mudanças pertinentes para chegar à meta. Mudar um plano não é fracassar, mas estar focado em seu sonho; e ele jamais pode depender de "um determinado plano", apenas do seu próprio esforço e da sua vontade para alcançá-lo.

Se alguém lhe der um milhão de reais ou você receber um aumento de salário, precisa saber o que fará com esse dinheiro.

9

Siga até o fim

1. É proibido desistir

Quando você se conhece, jamais renuncia a tudo que se propôs alcançar, porque sabe que o merece. Sabe que a imagem que vê de si mesmo a cada manhã responde à imagem correta. O fato é que nem sempre acontece assim.

Que imagem você tem de si mesmo? Todos têm um autoconceito, porém, ele nem sempre corresponde à realidade, porque em nossa mente podem conviver diversos tipos de imagens negativas:

- **Preconceitos.** Preconceito é uma imagem prévia de uma pessoa ou de uma oportunidade. Toda imagem que antecipar a derrota em sua mente é um preconceito.
- **Obsessão.** A obsessão é uma imagem que se reitera várias vezes, fazendo com que toda a vida gire ao redor dessa ideia fixa. Sensações que se repetem de maneira compulsiva e impulsiva; imagens perturbadoras que roubam a paz, a tranquilidade, que não permitem que o descanso seja profundo. Quando se analisa tudo, a todo o tempo, estamos dando lugar ao desespero, porque a preocupação terá se transformado em obsessão. Há pessoas que mesmo depois

de quarenta anos de ocorridos os fatos continuam dizendo: "Você não acredita o que me disseram há quarenta anos!".
As pessoas que não conseguem se desprender do ruim vivem com essas imagens obsessivas o tempo todo; não importa o lugar, elas irão junto com a pessoa.

- **Pensamentos limitadores.** A nossa mente constrói mensagens o tempo todo, e os pensamentos obsessivos e limitadores nos paralisam, fazendo-nos acreditar que não somos merecedores do sucesso, de viver em paz e felizes. Tais limites podem ser sido impostos por nós mesmos, ou é possível que tenham sido construídos de acordo com a imagem que outros fazem de nós, e que tomamos como próprias. Quando alguém não gosta de si mesmo, escolhe sempre o negativo para sua vida. Há pessoas que dizem:
  - "Por que eu fico sempre com os piores trabalhos?"
  - "Por que sou sempre maltratado no meu casamento?"
  - "Por que todas as decisões que tomo acabam dando errado?"

E é assim como diariamente colocamos os limites:

- **Não ter coisas.** É um dos maiores limites dos seres humanos: "Não consigo isto ou aquilo porque não tenho dinheiro", "porque não tenho carro", "não tenho saúde" ou "não tenho contatos". Esse é um grande mito! Como não temos, não conseguimos o que queremos; e isso é uma grande mentira.
- **A credulidade.** A credulidade faz com que você acredite em qualquer coisa que os outros digam. Isso o deixa limitado, porque você passa a não acreditar no potencial que há dentro de você.
- **Minhas crenças.** A crença é a impossibilidade, a limitação que nos diz: "Não vai conseguir". Um paradigma, enquanto o considerar verdadeiro, irá impedi-lo de alcançar sua meta. *Explicações e justificativas que damos para nós mesmos, tentando entender por que não alcançamos os nossos objetivos.*
- **Fazer muito bem aquilo que não é necessário fazer.** Fazer o que não serve nos limita. Se, um dia após o outro, eu fizer a mesma coisa, terei sempre os mesmos resultados. Os problemas

não se resolvem por mágica: para que haja soluções, devemos implementar mudanças.

- **O que consegui.** É outra limitação. O que temos hoje é o que está nos freando. Isso se chama "zona de conforto": "o que consegui"; "já tenho meu negócio"; "meus filhos"; "estou acomodado"; "eu me adequei"etc. A acomodação é o pior inimigo para alcançar a meta maior.

A maior meta que uma pessoa pode alcançar não é dinheiro,
não é saúde. A maior meta é mudar a si mesmo.

2. Sem limites

Como rompo os limites?

Não renunciando, permitindo a mim mesmo alcançar o objetivo. Quando um sonho está fixado em nosso coração, nada nos fará renunciar.

Muitas situações que atravessamos geram dor, porém, haverá uma em especial que nos levará ao mais profundo da nossa resistência, acabará conosco, nos provocará uma dor intensa, uma tristeza tão grande que diremos: "Não aguento mais!".

No entanto, os momentos ruins são parte da vida; ao superá-los, teremos quebrado internamente todos os nossos limites. O pior que pode acontecer é uma situação difícil nos limitar mental e fisicamente.

> *Os limites da minha linguagem são os limites da minha mente.*
> — Ludwig Wittgenstein

Não permita que as crises imponham limites na sua vida.
Se você se propuser a algo e não desistir,
com certeza chegará ao outro lado.

Não permita que a loucura e a maldade dos outros o limitem.
A voz do outro não tem que ser um limite na sua mente.

Não permita que as pessoas estabeleçam até onde você vai chegar. Deixe-se impressionar apenas com as coisas boas. Você não precisa pedir permissão para nada.

Não permita que outro lhe diga até onde poderá se expandir. Só a força do seu sonho determinará o seu alcance. Quando souber exatamente quem você é, reconhecerá seus inimigos. O leão determina os limites, não os coloca.

Cada vez que alguém o criticar, aprenda a ler a crítica.

Não permita que o limitem! Você não é o que dizem que você é, mas sim o que acredita de si mesmo. Olhe sempre para frente.

Um homem que não se alimenta de seus sonhos envelhece logo.
— William Shakespeare

Não importa o tamanho ou o nome do seu inimigo; se você for forte o suficiente para não renunciar, o triunfo será seu.

O seu presente não importa; seu amanhã será melhor se continuar na batalha.

Não importa o seu presente, o amanhã será melhor.

Mantenha o que planejou para sua vida, seus sonhos, suas paixões, sua procura, não importa quanto tempo demorar. Se você se propuser, chegará. Seguramente, alguns conformistas dirão: "Até quando você vai continuar insistindo?". Responda: "Até que consiga". São Paulo disse: "Em uma corrida todos competem, mas apenas um vence". Todos correm, porém apenas um ganha — aquele que não renunciou.

Não importa o que já passou, lute pelo seu sonho.

Esqueça tudo que perdeu, porque você está lutando por coisas maiores. Deixe o que foi bom do passado ficar no passado, e algo melhor chegará.

Quantas flechas você atirou? A quantidade de flechas que for capaz de atirar será equivalente ao número de sucessos que você alcançará. Quantas vezes é capaz de dizer "não me importo"? Ninguém pode atirar por você. Só dentro de si mesmo você será capaz de tecer os maiores sucessos. Não se detenha, não deixe de tentar. Não importa a idade que você tiver, siga disparando. "Até onde aguenta?"

> *Só é capaz de realizar os sonhos aquele que, quando chegar a hora, estiver desperto.*
> — León Daudí

Sempre há motivos para não renunciar e continuar lutando. Você pode estar a um metro do ouro, da sua medalha, do seu prêmio, do seu sucesso, da sua família, da sua saúde. Certa vez um senhor comprou uma mina, escavou e encontrou ouro. Continuou escavando até que encontrou só terra pura, e por isso decidiu vender a mina para um minerador. Esse homem escavou a terra e, para sua surpresa, um metro depois, achou uma jazida de ouro. Daí nasceu um ditado que diz: "Estava a um metro do ouro".

Nunca se distancie dos seus problemas; 95% por cento das pessoas não se importam, e os outros 5% ficam felizes porque você está sofrendo.

Você pode estar a um metro de ver seu sonho cumprido, de terminar a tese que ainda não concluiu, a um metro desse cargo que está esperando, ou de chegar ao topo. Ou seja, você não pode renunciar, justamente porque está a um metro.

Você está a um metro do seu ouro.

E, enquanto estiver caminhando rumo ao seu ouro, não procure opinião, procure experiência. Este é o problema: os seres humanos procuram opinião.

Opinião é o que pensa um ignorante; a experiência vem de alguém que já passou por determinada situação. "Quero escrever um livro, gostaria da sua opinião." E respondem: "Não! É muito difícil". Mas se você procurar experiência em alguém que já editou um livro, certamente ouvirá: "Vai acontecer 'isso' ou 'isso', tenha cuidado com 'isso', e vai conseguir 'aquilo' etc.".

Qual é a diferença? Na experiência a pessoa já sabe o que aconteceu, portanto, poderá ajudar você com eficiência. Cada vez que tiver um problema, não procure opiniões daqueles que não tenham passado pelo que você já passou, procure experiência. Isso irá animá-lo a seguir em frente. "Não renuncio, porque estou a um metro."

Mantenha-se focado em cada nova oportunidade que aparecer; e não permita que ninguém roube seu sonho.

Tenha orgulho do seu projeto, não renuncie. Seja leal ao si mesmo e ao seu objetivo. *Não desista.*

10

A lei do 20/80

1. Primeiro, o que é importante!

Não podemos investir 80% do nosso tempo pensando no problema. Devemos investir 20% no problema e os 80% restantes na solução, pesando: "Como vou resolver isso?".

Na maioria dos casos, ficamos presos ao conflito, em lugar de pensar como podemos resolvê-lo. E você precisa saber que pensar no problema o tempo todo não vai fazer com que ele desapareça. A luta continuará até o momento em que você aprenda tudo de que precisa daquela situação. Não esqueça: aquilo em você mais pensar é aquilo que vai acontecer. E perder o tempo é uma das piores coisas que podem nos acontecer.

Todos dispomos do mesmo tempo diário — 86.400 segundos por dia — e podemos usá-lo, administrá-lo, ou gastá-lo mal e deixá-lo passar. Todos temos 24 horas, os mocinhos e os vilões, os ricos e os pobres, todos, sem exceção de raça ou credo, o sol nasce para todos. O dinheiro e a saúde vão e vêm, porém, o tempo não, o tempo que passou não volta. É por isso que devemos pensar quanto do nosso tempo vamos distribuir pelas atividades que temos para desenvolver.

Podemos nos ocupar desses 80%, que não trazem os resultados que estamos esperando; ou podemos ocupar parte importante do nosso

> *Escolher o próprio tempo é ganhar tempo.*
> — Sir Francis Bacon

tempo nos 20%, que nos trarão os resultados extraordinários. Tempo é vida, e por isso não há nada pior na vida do que perder tempo.

Vamos pensar por um momento naquelas coisas que nos fazem perder tempo, e que nos distraem do foco e do objetivo a seguir.

- **As pessoas difíceis.** As pessoas complicadas nos desconcentram e nos fazem perder tempo. Não há nada mais lindo do que investir a vida naquilo que dá resultado e é nossa paixão.
- **Duvidar permanentemente.** Não é possível viver duvidando. Dizemos: "Você me ama?"; "Você vai me deixar?"; "Você gosta ou não gosta, mas gosta de verdade?"; "Quanto você me ama?"; "E por que me ama?". Gente que vive analisando tudo, o tempo todo.
- **Querer encontrar uma explicação para tudo.** Pessoas que analisam minuciosamente, procurando uma explicação racional para tudo que acontece.
- **Ser rígidos e cheios de rituais, não conseguir experimentar o prazer.** Aprendamos a ter uma mente simples. O obsessivo se apega aos detalhes, sem perceber que, ao fazer isso, não poderá pensar em algo grande e se ocupar do que traz resultado e benefício. Comecemos por pensar com uma mente de sucesso, não com conformismo. Os detalhes só nos fazem perder a dimensão das coisas grandes que estão por vir.
- **A queixa.** A pessoa que se queixa, na verdade, não quer resolver o problema, uma vez que, geralmente, fala com alguém que não pode solucionar seu pedido. A desculpa é uma explicação que você dá a si mesmo para ter tranquilidade.
- **Adiar.** Adiar é deixar para mais adiante, para amanhã, o que é importante, o prioritário. Às vezes, pode ser bom. No entanto, há questões que, adiadas, tornam-se mais complicadas.
- **A culpa.** Quando uma pessoa sente culpa, se privará dizendo: "Não tenho tempo para mim"; "Eu adoro isso, mas não vale a pena"; "Não posso, não consigo" — isso é culpa. Quando nós mesmos colocamos um obstáculo, dizemos: "Não tenho capacidade"; "Não tenho dinheiro" — isso é culpa. Porque a culpa sempre colocará um

obstáculo para você não chegar ao objetivo e, ao mesmo tempo, começar a se autocensurar: "Por que fiz isso?"; "Por que disse isso?"; "Por que fiquei calado?"; "Devia ter falado, devia ter feito 'isso' ou 'aquilo'". A repreensão não nos deixa avançar para o objetivo.

- **O medo.** Muitas pessoas vivem com medos emprestados e, quando o temor é o que motiva, nunca se chega ao topo. A montanha é escalada pelos valentes e não pelos covardes.

> *Ninguém chegou ao topo acompanhado pelo medo.*
> — Publilio Siro

2. Se houver uma recompensa, siga em frente

Quando morrerem suas culpas, as queixas, as desculpas, você assumirá 100% de responsabilidade sobre sua vida, terá o controle e aprenderá a administrar sabiamente tudo que traz benefícios.

De nada adianta alcançar um objetivo e depois perdê-lo ou abandoná-lo. Precisamos aprender a administrar todas as áreas da nossa vida.

O conceito mais poderoso que uma pessoa pode ter é saber administrar as coisas que tem em seu poder. Quando aprendemos a administrar nosso tempo, nossos esforços, multiplicaremos tudo que temos.

Administração é um conceito-chave em todas as áreas de nossa vida. Vejamos seis princípios para administrar com eficácia:

1. **Desenvolver uma comunicação efetiva.**
   Um sultão sonhou que tinha perdido todos os dentes. Quando acordou, mandou chamar um sábio para que ele interpretasse seu sonho. "Que desgraça, meu senhor!", exclamou o sábio, "cada dente caído representa a perda de um parente de Vossa Majestade". "Que insolência!", gritou o sultão enfurecido, "como ousa dizer semelhante coisa? Fora daqui!". Chamou o guarda e ordenou que desse cem chicotadas no sábio. Mais tarde, pediu que trouxessem outro sábio e contou o que tinha sonhado. Este, depois de escutar o sultão com atenção, disse: "Senhor, grande felicidade lhe foi reservada. O sonho significa que o senhor sobreviverá a todos os seus parentes". O semblante do sultão iluminou-se com um grande sorriso, e ordenou que pagassem cem moedas de ouro ao homem. Quando o sábio

> As ideias estimulam a mente.
> — Thomas Hobbes

saía do palácio, um cortesão disse, admirado: "Não é possível, a interpretação que você fez do sonho foi a mesma do primeiro sábio, não entendo por que o primeiro recebeu cem chicotadas e você, cem moedas de ouro". O segundo sábio respondeu: "Lembre-se bem, meu amigo: tudo depende da forma como você diz as coisas: um dos grandes desafios da humanidade é aprender a comunicar-se. Da comunicação depende, muitas vezes, a felicidade ou a desgraça, a paz ou a guerra".

2. **Ter uma mentalidade multidirecional.**
   Precisamos expandir a nossa mente e ter muitas ideias, deixando a mentalidade unidirecional para trás. Busque mais ideias iguais às que está tendo hoje, não "é branco ou preto", "fico ou vou embora". Alimente uma *mentalidade multidirecional.*
3. **Crescer mais do que os resultados que perseguimos.**
   Aqueles que crescem menos do que seus resultados terminam esmagados por eles. O crescimento e a multiplicação exterior serão vistos quando seu interior estiver multiplicado.
4. **Decidir por convicção.**
   Não decida por condição ou situação, pelo que sente, pelo que acha ou gosta, mas sim pela verdade e pelo sonho que estiver seguindo. Decidir é mais fácil para as pessoas que sabem em que acreditam. Não se mova pela alma, emoções, sentimentos, sejam bons ou não, mas sim por convicção. Isso não é fácil, no entanto, sabemos que, se o fizermos, tudo que empreendermos dará certo.
5. **Decidir trabalhar com excelência.**
   Excelência é romper o seu recorde, superar-se; é perguntar-se: "Como posso ser um pai melhor?"; "De que maneira posso ser um marido melhor do que sou hoje?"; "Como ser um gerente, um funcionário, um amigo melhor?". Ao quebrar seu próprio recorde, você estará se mexendo na excelência. Não se trata de fazer as coisas melhor do que o outro; *excelência é superar-se a si mesmo.*
6. **Ter confiança em si mesmo.**
   Quando sua autoconfiança se abala, você se torna inútil. Quem tem confiança acredita que pode fazer determinadas tarefas, aprender outras novas e corrigir seus erros.

Uma pessoa poderá ocupar-se de seus 20% quando conseguir enxergar onde existe uma recompensa. Uma pessoa eficaz briga e luta somente pelo que lhe trará benefícios. Se eles não existirem, não insista.

A sua motivação precisa ser maior do que o medo que você sentirá durante a batalha. Existem pessoas que lutam por nada em troca, o que não faz sentido; há as que brigam na rua, por causa do trânsito; ou as que brigam com a família; e existem aquelas que lutam por trabalhos que não as reconheceram. *A sua motivação deve ser sua recompensa; e sua recompensa precisa ser algo grande.* O "prêmio" (amor, saúde, prosperidade, promoção, viagens etc.) sempre deve ser o sonho a conquistar. Se você vai investir seu tempo e seu esforço em alguma coisa, que seja algo que valha a pena, que traga resultados e aproxime-o ainda mais da conquista de seus objetivos.

> *A confiança em si mesmo é o primeiro segredo do sucesso.*
> — Ralph Waldo Emerson

11

Lidere seus projetos

1. Liderança com propósito

O melhor que podemos fazer pelos outros não é mostrar as nossas riquezas, mas sim fazer com que vejam as deles. Uma pessoa sadia na sua autoestima é uma pessoa capaz de influenciar os outros. Liderança é a capacidade de influenciar. Todos nós temos influência sobre nossos colegas, nossa família, nosso ambiente de trabalho, o que está a nosso redor.

> *A liderança é a fortaleza das próprias convicções, a capacidade de suportar os golpes, e a energia para promover uma ideia.*
> — Benazir Bhutto

Liderança não é poder, é servir, e, quanto maior a liderança que exercer, maior responsabilidade terá.

No entanto, muitas pessoas nunca se tornam líderes, por vários motivos:

- **Acreditam que liderar é sinônimo de mandar.** Na primeira oportunidade que alguém os nomeia líderes, utilizam esse título para machucar, desqualificar e maltratar. (Essas pessoas já estão desqualificadas).
- **Se envaidecem exageradamente.** São Paulo disse: "Não coloque a liderança nas mãos de gente neófita, porque se envaidecerão". Exis-

tem pessoas maravilhosas, até que recebem um aumento de salário, ou passam a ter pessoas sob seus cuidados. Aí, não ouvem mais ninguém, tornam-se incapazes de aprender alguma coisa.

- **Padecem de sentimentos de perseguição.** Pensam que todo mundo quer "tirar" o lugar deles. Esse grande medo faz com que eles mesmos percam o seu cargo.

> *Todo sonho depende de uma estratégia, mas certamente a estratégia não é a base de um sonho. A estratégia que você tiver criado pode ser excelente, mas só o ânimo, o entusiasmo, a perseverança e a dedicação são a base fundamental de um sonho.*
> — Autor desconhecido

Liderança é ter estratégias para alcançar a meta. O que é estratégia? São as ações, os passos a dar que possibilitarão facilitar o processo, e expandir o que você já tem. Estratégia é sua próxima meta. Não é suficiente acreditar em tudo que você está fazendo, é necessário planejar os passos.

A fé não anula a estratégia.

Precisamos desenvolver uma mentalidade de estrategista, andar com lápis e papel para acompanhar e concretizar cada passo que daremos para chegar ao que desejamos. O problema do líder não é a pressão, mas o lugar onde ele decide aplicá-la, e onde estará focado enquanto dirigir seu projeto. Vamos analisar, então, alguns conceitos que toda pessoa que aspira a ser uma liderança política, empresarial, econômica, familiar ou pessoal deve seguir.

- Saber onde colocar pressão. Quanto mais opressão externa, mais força interna você terá. Quanto mais precisar remar contra a corrente, mais caráter, sabedoria, poder e vontade terá para seguir em frente. Quanto mais pressão externa, mais força interna.
- Saber que, naquele ponto onde você inicialmente falhou, haverá outra oportunidade.
- Praticar a forma como agirá em público. Tudo que você aprende em particular, sozinho, será exibido depois na frente dos outros.
- Saber manejar os três níveis de liderança:

1. **Andar com as pessoas.** No primeiro nível, você está com as pessoas, protege, ama, faz perguntas, se interessa por elas.
2. **Na frente das pessoas.** Nesta posição, você será pioneiro das coisas novas, para que todos aqueles que vierem depois encontrem o caminho aberto.
3. **Por cima das pessoas.** Quando tiver aprendido a estar com as pessoas e na frente delas, estará capacitado para dirigir grandes massas e projetos. Estar acima das pessoas não é orgulho, é apenas ver além.

As características de um líder de excelência, explicadas por um homem cheio de sabedoria e conhecimento, chamado Myles Munroe, foram extraídas de um vídeo de Munroe sobre liderança e são citadas a seguir:

1. **Propósito**
   O propósito é o primeiro elemento que desperta a liderança. O líder precisa ser um guia e ter uma visão clara, e ao mesmo tempo ter um sentido do destino e do significado do profundo amor pela vida. Uma pessoa que sabe que nasceu para determinado objetivo não precisará concorrer com ninguém. Por isso, ao mesmo tempo que seu propósito é único, não há problema em submeter-se à autoridade. A primeira coisa que a liderança traz é o entendimento e a descoberta do seu propósito nesta vida. Quando descobrimos para que nascemos, a opinião dos outros é anulada. Isso significa que aquele que souber para que nasceu não sentirá inveja de nada.
2. **Paixão**
   Você nunca será o líder que está destinado para ser enquanto não for possuído pela paixão, pelo propósito que descobriu. Paixão é um controle profundo que faz com que alguém se entregue a um propósito que o guie. Quando seus objetivos estiverem claros, você inevitavelmente desenvolverá um caso de amor com o destino; dormirá e acordará com esse pensamento. Tudo que fizer, tentará relacionar com ele.

O líder ama o que faz, e o ama fazendo.

3. **Integridade**

   Envolve três aspectos: autoconhecimento, maturidade e conhecimento. Integridade é ser verdadeiro consigo mesmo — honesto tanto com pontos fortes quanto com os fracos. Um verdadeiro líder nunca tenta fazer o que sabe que não é possível. Integridade é isso: conhecer os defeitos e as qualidades, lutar para descobrir seu potencial e utilizar o que é preciso melhorar para fertilizar o que já tem de bom. Um líder íntegro nunca mente para si mesmo.

> *A integridade do homem é medida por sua conduta, não por suas profissões.*
> — Juvenal

4. **Confiança**

   Não é possível ser um "líder" se você não tem o poder de transmitir confiança. A integridade é a base da confiança e um produto da liderança. A confiança é uma qualidade que não pode ser recebida, ninguém pode transferi-la a você. Ela precisa ser conquistada. Sem isso, não há como delegar tarefas. *O líder não pode funcionar sem confiança, e isto é um produto do tempo e da integridade.*

5. **Curiosidade e desafio**

   Enquanto você não estiver disposto a enfrentar desafios, provar coisas novas, deixar de lado as convenções e ignorar as opiniões dos outros, não poderá ser um líder. Só será líder aquele que decidir que o mais importante é o que está fazendo. Se a sua vida gira em torno de buscar a aprovação de outras pessoas, você será para sempre apenas um seguidor. Um líder não se preocupa com fracasso; por isso, não teme experimentar. Um líder faz aquilo para o qual nasceu. O que acontecer no caminho não passará de uma fase. É vital desenvolver a autocompreensão, e o que você pretende fazer no mundo. Igualmente, é vital experimentar coisas novas, que desenvolvam seu potencial. Os verdadeiros líderes são movidos internamente, estão seguros de si mesmos. E são pessoas carismáticas.

2. Um líder se constrói

O fato de exercer uma liderança eficaz não é ter autoestima, é ser eficiente.

A autoestima diz: "Eu mereço".

Mas a eficiência diz: "Eu sei que posso".

Muitos têm autoestima, no entanto, não acreditam: "Aceito, porém não acredito que possa conseguir". Não permita que a sua mente domine você: controle-a. Elimine as velhas crenças e projete-se para ter uma mentalidade de dono. O que é isso? É estar num trabalho e cuidar das coisas como se fossem nossas, cada centavo, ocupar-se de que o outro cresça. Ao tomar uma decisão, pense: "Estou criando valor para a minha empresa ou trabalho".

> *A prova de toda a verdade reside simplesmente em sua eficácia.*
> — William James

Esse modo de agir fará de você uma pessoa digna de confiança, responsável, trabalhadora e com uma liderança eficaz. *Mentalidade de dono é sentir que tudo lhe pertence e, portanto, cuidar como se fosse seu.*

Aspire a ser um especialista naquilo que empreender. Quem pesquisa as capacidades humanas afirma: "Precisamos abarcar apenas três áreas, e sermos especialistas nelas".

O que você faz bem pode ser uma alavanca que o levará a fazer aquilo de que gosta, e ficar especialista nisso.

Desenvolva-se nas áreas que escolheu ser o melhor, sem concorrer, superando o seu próprio recorde.

Possuir o que almejamos tem um custo. Contudo, você está sendo chamado para ser o melhor líder.

Amplie seu horizonte, arrisque-se. Tudo que se encolhe irrita, e o que se expande agrada. Procure um referente e aprenda com ele, acumule experiência e conecte-se com aqueles que o levarão além. Amplie a sua visão. Com esse tipo de gente, chegará ao topo da montanha. Tenha visão de grandeza.

> *Visão é a arte de ver as coisas invisíveis.*
> — Jonathan Swift

A pessoa que tem visão espera seu sonho sem abandoná-lo, mas o faz no alto, ligada, sabendo que, com certeza, choverá na vida dela. Visão é ver dentro de si mesmo o que se verá fora; é ver o que os outros não veem, e ouvi-lo antes que aconteça. Exija com autoridade tudo que lhe pertence. Exerça autoridade sobre seu sonho.

Autoridade é possuir as coisas sem tê-las.

Os grandes líderes esperam o "fator surpresa". Dentro de você está escondido o poder de abrir o que está esperando. Dentro de você há uma extraordinária força escondida.

Os grandes líderes sempre terão um ás na manga para chegar aonde querem, uma ação que trabalhará a favor deles. Quando você sabe quem é, as coisas acontecem.

3. Até onde você quiser chegar

Pense e viva como a águia. A galinha come bichinhos; o abutre, animais mortos; a águia, contudo, come cordeiros, peixes e esquilos vivos. As águias não comem lixo, alimentam-se de propósito, visão. Elas não morrem antes de chegar a seu destino. São incomodadas pelos corvos, porém elas nunca brigam. As águias têm uma visão extraordinária: veem a presa a uma distância de mil metros, voam até lá e a apanham a uma velocidade de 160 quilômetros por hora.

As águias voam mais alto. Os corvos sempre pretenderão incomodar, então voe cada vez mais alto. Eles podem voar até uma determinada altura, porém, jamais poderão alcançar a altura das águias; desse modo, quando vier "alguém" querendo tirar você do foco, voe mais alto, sonhe mais alto, caminhe e procure mais.

Lançando-se do alto, uma águia arrebatou um cordeirinho. Um corvo a viu e, tentando imitá-la, lançou-se sobre um carneiro, mas com tão pouco conhecimento na arte que suas garras se embaraçaram na lã e, mesmo batendo ao máximo as asas, não conseguiu se soltar. O pastor, vendo o que acontecia, pegou o corvo e cortou as pontas das asas dele, depois levou-o para suas crianças. Os filhos perguntaram que tipo de ave era aquela e ele disse: "Para mim é apenas um corvo, mas ela se julga uma águia".

Para finalizar, a característica por excelência de um líder é a lealdade, assim como a das águias.

> *A lealdade constitui o bem mais sagrado do coração humano.*
> — Lucio Anneo Séneca

Você sabe como a águia se apaixona?

O macho avista a fêmea, que o atrai de longe. Aproxima-se dela e tenta chamar sua atenção, mas parece que não consegue deixá-la interessada. Então, começa a voar ao lado dela. De repente, a fêmea começa a voar em grande velocidade para cima, com o macho a seguindo na mesma velocidade. Depois, ela desce, pega um galho com o bico, e novamente se eleva. No meio do voo, deixa cair o galho. O macho então se apressa para pegá-lo no ar e entregá-lo para ela, mas ela não quer, apenas continua seu voo. Ele permanece ao seu lado. Depois de um tempo considerável, ela lhe oferece a pata, a qual ele junta com a dele. A partir desse momento, estabelecem um compromisso formal e eterno, porque jamais se unirão a outros. E mesmo se a fêmea morrer, deixando as crias, o macho cuidará delas sozinho.

Seja leal a seu sonho, a seu propósito, a seu objetivo, e certamente chegará ao alto da montanha.

12

Negocie em paz e com sabedoria

1. Todos nós negociamos

Dentro de cada um de nós existe a capacidade de negociar. Saber negociar é um requisito indispensável para poder crescer e chegar a tudo aquilo que nos propusemos.

Não só negociamos quando brigamos por um desconto, quando trocamos opiniões e precisamos chegar a um acordo. Mesmo nas relações amorosas, é imprescindível que aprendamos a negociar. Negociamos desde o momento em que acordamos, até quando vamos deitar.

Porém, antes de começar a negociar com os outros, é muito importante aprender a negociar primeiro com você mesmo. O que eu quero? Mereço o que vou conseguir? Se eu não negociar bem comigo mesmo, como vou negociar com o outro? Se eu acho que não mereço algo melhor, como vou pedir um cargo de maior importância ou mais respeito na minha família?

Primeiro, é preciso saber o que queremos e onde queremos chegar. Antes de mais nada, preciso me dar permissão para negociar comigo mesmo e dizer: "Sim! Eu mereço, eu quero isso". Então, a partir daí, poderemos sair e negociar com sabedoria, cientes do que podemos e do que não podemos ceder.

Negociar não é enganar, não é mentir, tampouco é fazer ostentação do poder; negociar é aprender a usar o poder, os recursos e a inteligência que temos com sabedoria.

Devemos levar em conta que *não é o melhor quem chega, mas sim aquele que melhor negocia.*

Se pesquisarmos um pouco sobre quem são aqueles que ocupam cargos de poder, de hierarquia ou de liderança, perceberemos que não serão precisamente os melhores ou os mais inteligentes, mas aqueles que melhor aprenderam a negociar. Em todos os âmbitos da vida, quem ganha não o consegue por mérito, mas porque soube negociar melhor. Por isso é necessário descobrir esse potencial inato que temos e que ainda não usamos.

> *Jamais negociemos com medo, mas jamais tenhamos medo de negociar.*
> — John Fitzgerald Kennedy

Negociar não é enganar, é usar a capacidade com sabedoria.

A sabedoria é insubstituível, e precisamos dela para aprender a negociar em paz e manter uma atmosfera de negociação positiva.

Certa vez, um casal de camponeses foi à Universidade de Harvard. Sentaram-se na frente do diretor e disseram:

— Queremos colocar aqui uma placa com o nome do nosso filho que morreu.

O diretor respondeu:

— Vocês acham que eu tenho tempo para colocar uma placa para seu filho morto, senhores?! Se eu colocar a placa de todos os filhos mortos que passaram por esta universidade, isso aqui seria um cemitério.

Eles foram embora, no entanto, voltaram no dia seguinte para explicar:

— Não queremos uma placa, gostaríamos de erguer um prédio.

Ao que o diretor respondeu:

— Vocês estão loucos! Isso custa muito dinheiro. — E mandou-os embora do seu escritório.

Conta a história que esse casal de camponeses, de sobrenome Stanford, foi o fundador da Universidade de Stanford. Se esse diretor tivesse sabido negociar e levado a conversa em uma atmosfera de paz, todo o dinheiro teria sido investido em Harvard.

Quando se negocia, é preciso sempre manter a calma e o autodomínio.

Um jovem enviou uma carta ao pai que morava em outro estado, comunicando suas necessidades. Quando o pai leu a carta, disse:

— Não vou dar absolutamente nada.

Nesse momento, sua esposa estava passando, e perguntou:

— O que foi?

O marido respondeu:

— Veja o que o seu filho escreveu para mim — e leu, muito bravo, a carta: — "Pai, preciso de dinheiro imediatamente. Preciso de um novo par de sapatos e um casaco, por favor, já". Ele acha que pode falar assim comigo?

A esposa, mais tranquila, disse:

— Não, escute! — e começou ler a carta com uma voz suave: — "Pai, preciso de dinheiro, imediatamente. Preciso comprar sapatos e um casaco, por favor, já".

O pai começou a chorar e disse:

— Por que meu filho não me pediu as coisas desse jeito?

Aprendamos a negociar, mantendo uma atmosfera de paz. Não sejamos estúpidos nem orgulhosos. Mantenhamos a calma enquanto estivermos negociando.

Quanto mais difícil for, mais perto estou.

2. Princípios inteligentes para uma negociação eficaz

Qual é o momento mais perigoso de um voo? Quando o avião decola ou quando pousa? O momento mais difícil e perigoso é o pouso, porque os momentos mais difíceis ocorrem quando você está por chegar. Por isso, em todo o processo, mas especialmente no final, mantenha a calma.

Devemos aprender a negociar com sabedoria. Trate os outros como espera e quer ser tratado. Deve-se tratar bem a todos e, se em algum momento, você não receber o tratamento que merece, lembre-se de que às vezes é porque o fez da mesma maneira com alguém. Negociar é saber usar o poder com sabedoria para chegar ao lugar que se deseja. *E lembre-se de que tudo que for capaz de dar é tudo que receberá em troca.*

Um homem muito bom que soube como ajudar todas as pessoas de seu povoado e a negociar viu-se perante o fato de que um tornado tinha destruído sua casa. Assim que aconteceu a catástrofe, um vizinho se aproximou e disse:

— Eu sou a pessoa que você ajudou quando meu filho estava doente. Graças a você eu achei um médico para ele. Agora, quero que saiba que tenho uma madeireira, e vou doar toda a madeira necessária para que você reconstrua sua casa.

Veio outro e disse:

— Lembra-se de quando você me ajudou a resolver aquele problema que não me deixava em paz? Eu tenho uma elétrica, toda a instalação e material elétrico de que você precisar para sua casa serão por minha conta...

E assim, sucessivamente, o homem colheu tudo que tinha semeado em outros.

Quando você é um bom negociador, tudo que há de melhor e tudo de que precisar estará a seu favor.

Li em um livro uma estatística: as 22 piores coisas que um adulto pode dizer a uma criança. Vejamos algumas delas:

- "Você nunca vai conseguir nada." (A mais ouvida.)
- "Queria que você não tivesse nascido."
- "Como você pode ser tão tonto?"
- "Você é um inútil."
- "Não tolero você."
- "Você está mentindo."

E li outra pesquisa sobre as palavras que os seres humanos mais desejam ouvir:

- "Eu te amo."
- "Você é uma boa pessoa."
- "Você pode conseguir o que quiser."
- "Estou contente por ter você."
- "Você é muito especial."
- "Você é o número um."

Muitos pais dizem: "Os meus filhos não falam comigo", e o fato é que primeiro devemos examinar o que e como falamos com eles. Geralmente, na correria diária, falamos: "Lave as mãos, escove os dentes, corte o cabelo, troque de roupa, cuidado com o botão da camisa, feche a porta, arrume seu quarto, arrume a sua cama, chega de pedir dinheiro, pare de fazer barulho"; e os nossos filhos respondem: "Como assim? Então eu estou fazendo tudo errado?".

Como pensa uma mente pequena?

Pensa assim: "Há poucas oportunidades e são para muito poucos. Há poucas possibilidades neste país, e elas não são para mim". Falso! Um bom negociador fala coisas que valorizam, elevam a estima, e as diz com sabedoria, porque sabe que uma negociação não é ganhar–perder, é ganhar–ganhar, porque ao ganhar–ganhar haverá tanta abundância que ambas as partes serão beneficiadas.

Se você souber negociar, será chamado para liderar, para administrar negócios, será procurado para dirigir empresas, projetos; porque quanto maior e melhor negociador você for, os grandes homens de negócios, as pessoas de sucesso, virão atrás de você e lhe darão os melhores lugares e a melhor recompensa.

- Quem sabe negociar deixa marcas para as futuras gerações.
- Quem sabe negociar sabe criar um bom clima familiar.
- Quem sabe negociar recuperará tudo que perdeu ou lhe foi tirado.
- Quem sabe negociar sabe pedir.
- Quem sabe negociar pensa grande.
- Quem sabe negociar deve ter e conhecer a mentalidade daquele com quem quer negociar.
- Quem sabe negociar sabe chegar ao lugar onde as coisas acontecem.
- Quem sabe negociar tem meta, foco e propósito.

Conta uma fábula de Esopo que o sol e o vento, para provar quem era mais forte, decidiram se desafiar. A prova consistia em ver quem era capaz de tirar a capa da primeira pessoa que passasse. O vento soprou com toda sua força, porém, quanto mais se esforçava, o viajante que passava mais apertava a roupa e, ao sentir frio, abrigou-se com a capa. O sol, no entanto, não se esforçou muito, apenas limitou-se a brilhar. O viajante, então, tirou a capa, esboçando um sorriso, tão aberto quanto o sol da tarde. Esopo explica: "A persuasão é mais eficaz do que a violência". Lembre-se: *se eu não me ofender, vou ter a habilidade para negociar.*

O que é aquilo que mais o ofende?

- Não ser cumprimentado?
- Uma piada, uma brincadeira?
- Uma mágoa?
- Um insulto?
- Uma crítica?
- Um comentário da família?
- Que não agradeçam algo que você fez?

Para ganhar, crescer e continuar crescendo, precisamos deixar para trás tudo aquilo que não acrescenta mais nada em nossa vida, e deixar de lado todo laço emocional que nos distancie do propósito pelo qual estamos negociando: nosso sonho.

Devemos saber que só aquele que sabe negociar sempre ganha e chega a seu objetivo.

13

Crie confiança

1. Gosto de você

Uma das coisas mais poderosas que podemos ter chama-se *confiança*. Todo avanço precisa dessa "cola emocional": um casal não pode se formar se não houver confiança; uma relação de sociedade, de amizade, de trabalho não pode acontecer se não houver confiança. A confiança demora anos para ser construída e minutos para ser derrubada. Uma mentira, uma enganação, uma traição dão um giro de 180 graus em tudo que vínhamos pensando, fazem mudar tudo e levam aquela confiança embora, fazem com que o que foi construído durante anos caia.

Dentro de nós há um poder, é "o poder da confiança". O pesquisador e cientista Francis Fukuyama estudou sobre o tema da confiança e descobriu algo interessante: "quanto mais desconfiança houver, mais dinheiro perde um país". Existe uma relação direta entre *confiança* e *finanças*. Fukuyama afirma que, quanto mais desconfiança, mais lentas as coisas se tornam. Por exemplo, se você é o dono de uma loja de sapatos e as pessoas não confiam na qualidade da sua mercadoria, você demorará muito mais para ter boas vendas do que outra loja cujos calçados são conhecidos pela resistência e qualidade. *Quanto maior a desconfiança, menos dinheiro entra, e vice-versa.*

Seja qual for a relação, quando há desconfiança de alguma das partes, tudo se se torna mais devagar. Logo, quanto mais confiança houver, mais rápido as coisas funcionarão, e mais sucesso será gerado em seu favor.

2. Mais do que confiança

Confiança é um poder fundamental para qualquer relação. A confiança é a cola humana, é aquilo que nos conecta com o outro. Se há confiança, haverá movimento, investimentos, finanças, relações interpessoais sadias e duradouras.

Quando uma pessoa é ferida na sua confiança, ela sofre muito, porque a traição dói profundamente na alma.

O que acontece então quando se perde a confiança em algo ou alguém?

> *A força é confiança por natureza. Não existe um sinal mais evidente de debilidade do que desconfiar instintivamente de tudo e de todos.*
> — Arturo Graf

A pessoa se torna desconfiada, tudo é suspeito. Na América Latina, 92% das pessoas não confiam nos políticos; 88% não confiam nas empresas; e 87% não confiam em ninguém. A desconfiança nos leva a pensar que sempre há uma mensagem oculta a ser desvendada; que todas as pessoas estão com a intenção de nos enganar e magoar.

Mas também encontramos o outro extremo: gente profundamente crédula, que não toma os cuidados necessários para estabelecer uma relação interpessoal ou financeira. Precisamos explicitar, em toda relação que estabelecermos, o que esperamos do outro. Todo contrato tem uma parte formal. Por exemplo: "Pablo, espero que você se encarregue de administrar as finanças da minha empresa, porque a partir de hoje você terá um novo cargo. Quando terminar seu expediente, passe no RH para assinar os papéis", isso é um *contrato formal*. No entanto, há um *contrato emocional*, algo que eu não falei em nível emocional e que é, por exemplo, esperar que Pablo "vista a camisa da empresa" e trabalhe de forma ordenada e eficaz nas finanças do meu empreendimento. Nesse discurso, só foi dito o formal, não o emocional, e aqui começam os conflitos.

Talvez esse chefe tenha a expectativa de que Pablo faça horas extras e trabalhe incondicionalmente em agradecimento pelo novo cargo. Mas esse foi o seu desejo e, se Pablo não correspondê-lo, esse chefe se sentirá desiludido, enganado, e sua confiança terá sido perdida. Os conflitos começam quando os contratos emocionais não são cumpridos. Por isso, para estabelecer vínculos sadios com os outros, seja qual for o âmbito em que estivermos, o nosso discurso deve ser claro, precisamos esclarecer nossas intenções.

Os pesquisadores que abordaram o tema da confiança determinaram que existem três atitudes ou estratégias que precisamos desenvolver positivamente para ganharmos confiança:

1) Caráter

Caráter é transparência, e a transparência ativa a confiança. Quando alguém não tem segundas intenções, quando se mostra como é, coloca as cartas sobre a mesa e fala com clareza, inspira confiança. Caráter tem a ver com ser verdadeiro, o mesmo em todos os âmbitos. E esse conceito está relacionado com ser íntegro. *A sociedade não quer carisma, quer caráter.* Caráter é não pegar o que não é seu. Ser íntegro quer dizer *mover-se pela verdade*; e a verdade sempre ativa a confiança.

Como diz a Bíblia: "Quem anda com integridade nunca escorregará".

> *O caráter de cada homem é o árbitro de sua fortuna.*
> — Publilio Siro

Um campeão de tênis estava jogando e, em um momento da partida, a bola caiu fora da quadra. O juiz não viu o que tinha acontecido, porém, o tenista que tinha jogado mal a bola, disse: "Eu vi que não entrou". No final, ele perdeu o jogo; no entanto, ganhou credibilidade.

Ter caráter significa ser você mesmo. Uma pessoa íntegra sempre poderá crescer, e as pessoas precisam enxergar a possibilidade de depositar a confiança no outro. Precisamos recuperar o valor da palavra e, apesar de podermos errar sem perceber, ou dizer coisas sem intenção de ferir, nunca se esqueça de que integridade é sempre sustentar a verdade.

2) Capacidade

Para gerar confiança é preciso também ter capacidade. De nada adianta, por exemplo, quando houver um problema elétrico em casa, contratar um técnico que consideramos excelente pessoa, mas que não sabe nada sobre instalações, porque ele terminará provocando um incêndio.

As pessoas que se superam, que melhoram, que avançam, que estudam, as pessoas que têm mentores, geram confiança.

Uma pessoa que se capacita, que desenvolve suas capacidades, que dia após dia cresce, supera seus limites e melhora, é uma pessoa que contará com a confiança dos outros. Por que há médicos que cobram um alto valor por uma consulta e, no entanto, nunca têm horários disponíveis? Acontece porque estas pessoas investiram a vida toda para melhorar: *a capacidade ativa a confiança.*

3) Química

Você pode ser uma pessoa íntegra, mas se não tiver caráter e "química" com os outros, ou seja, uma atitude positiva, todas as suas relações serão rompidas. Talvez você seja uma pessoa que diz: "Eu sigo sempre com a verdade, custe o que custar", e isso não está errado, dizer a verdade é o melhor que podemos fazer. No entanto, é preciso ter tato para transmitir a mensagem que queremos que o outro receba.

O ponto crucial não é o que temos, mas sim como usaremos o potencial que temos. Uma pessoa está muito mais limitada pela sua falta de capacidade para transmitir uma ideia, um conceito, uma opinião, um projeto, do que por não ter uma inteligência elevada.

Em qualquer empresa — comentava comigo um líder muito importante — quando um chefe promove um funcionário a gerente, não o faz somente por sua integridade e capacidade, mas também porque enxerga que terá uma boa relação com os novos colegas. Antes de ser promovido, observa-se a sua reação perante um "não". O que faz? Grita? Quebra? Bate portas? Manda mensagens anônimas?

Não basta ter caráter, é preciso ter capacidade; e não basta ter capacidade, é preciso ter uma boa relação, saber dizer as coisas, ter uma boa atitude, saber quando falar e quando ficar calado. Resumindo: caráter, capacidade e química.

Pesquisas comprovaram essas três características como as condições indispensáveis que alguém que inspira confiança possui. Se hoje elas estão na nossa vida, é 100% seguro que todo empreendimento, toda relação que começarmos terá sucesso e crescerá permanentemente.

A nossa vida está em nossas mãos, não está nas mãos dos nossos genes, nem do nosso DNA, está na capacidade que, dia após dia, desenvolvemos para apresentarmos o nosso potencial e, assim, poder ser eficaz em tudo que fizermos.

> *Se existe um segredo do bom sucesso, ele reside na capacidade de apreciar o ponto de vista do próximo, e ver as coisas desse ponto, assim como do próprio.*
> — Henry Ford

Capacidade, *caráter* e *química* permitirão a você ser um pioneiro. E o que é ser um pioneiro? É abrir caminhos, pagar as consequências por fazer algo inédito, e agora ver todos percorrendo esse caminho. Essas três condições permitirão que você seja um pioneiro de projetos, de metas, de empreendimentos, de sonhos. Além de tudo isso, farão com que você conclua tudo que começou.

14

Delegue sem deixar de supervisionar

1. Não posso com tudo!

É mais importante ensinar a pescar do que dar o peixe.

Dar o peixe é fácil. Muito melhor é ter a capacidade de ensinar a pescar, para que a pessoa possa, ela mesma, conseguir o que deseja.

Uma pessoa eficaz, que está segura do seu potencial, sabe que deve delegar. Se não fizer isso, vai esbarrar nos próprios limites, chegará a um nível máximo e ali ficará. Não é possível estar em todos os lugares ao mesmo tempo, mas é possível ensinar os outros a trabalhar em equipe e em prol de uma mesma meta.

Precisamos aprender a delegar, no entanto, sempre temos que verificar e supervisionar toda a área.

Ao final de cada dia, revise tudo que aconteceu no seu negócio, na sua casa, com seus filhos, no seu casamento. Se você for dono de uma empresa ou tiver um microempreendimento, deve saber quantas pessoas entraram para a sua lista de clientes, e quantos você perdeu. Se, ao verificar isso, observar que de repente perdeu 30% dos seus clientes, é porque algo não foi feito da maneira correta. Se você verificar seu projeto todos os dias, terá a vantagem de poder criar uma estratégia para reter aquele cliente duvidoso, e ter tempo de fazer as mudanças necessárias.

Ao fazer isso, estaremos em condições de escolher entre as diferentes opções com as quais deparamos.

2. Supervisionar diariamente

Precisamos aprender a dirigir, a agir sem deixar de lado uma mentalidade de revisão. Se deixarmos o tempo passar, talvez, quando nos dermos conta, será tarde. Muitas vezes, na vida profissional acontece o mesmo que nos casamentos. Talvez vocês estejam atravessando um período de crise e decidam consultar um terapeuta, porém, o fato é que comentam que faz mais de 20 anos que não sentem mais atração um pelo outro. Vejamos, *não seria muito mais fácil poder resolver um conflito que tem apenas alguns meses do que aqueles que já se arrastam por anos?*

Um sábio chamado Salomão disse: "O sagaz é aquele que observa e, quando vê o mal se aproximando, foge".

O que isso quer dizer?

Precisamos revisar o que se passou em nossa vida todos os dias. É isso que faz um verdadeiro líder. Pergunte-se:

- "Como se saiu hoje o meu departamento no trabalho; e o meu projeto, os meus objetivos?"
- "Houve lucro, perdas?"
- "Consegui me aproximar do meu objetivo?"
- "Consegui resolver os conflitos que se apresentaram?"

Se você deixar passar semanas e semanas para resolver um problema, com o tempo não terá apenas um problema, terá muitos e, cada vez mais, será mais complicado encontrar uma solução.

A muralha chinesa foi construída com o objetivo de proteger a China da entrada dos mongóis e outros invasores. E o que aconteceu? Não conseguiram destruir a muralha, mas conseguiram subornar os que vigiavam as entradas, e por aí conseguiram ultrapassá-la.

É desse modo que, na maioria das vezes, perdemos. Não pelos grandes erros, mas pelas pequenas coisas que deixamos passar sem supervisionar.

Este é um princípio sumamente antigo, e mais, nasceu com a criação do mundo. Quando Deus criou a Terra, disse: "Bom". Quando fez os animais, disse: "Bom". E quando criou o homem, exclamou: "Muito bom". Deus não criou tudo em sete dias e depois decidiu ficar sentado para revisar tudo; Ele o fez todos os dias, durante uma semana.

Do mesmo modo, devemos verificar não só a nossa vida no trabalho, mas também a nossa vida emocional e espiritual.

Como estão seus filhos, como é relação que você tem com eles?

E com o seu amor?

E com seus pais?

Com seus sonhos?

Com a sua equipe de trabalho?

O que funcionou bem? O que não funcionou? O que teria que ser melhorado, o que teremos que mudar?

Você está avançando, consolidando laços, conectando-se de uma maneira cada vez mais eficaz com os outros, ou a sua rede de contatos está cada vez menor?

Se quisermos avançar e crescer, devemos saber que precisamos nos multiplicar cada vez mais. Para crescer cada vez mais, precisamos expandir o nosso círculo, avaliando sempre a quem permitiremos a entrada para que se some ao nosso time. Haverá um momento em que, se não abrirmos ainda mais o jogo, chegaremos ao limite, e o que antes era feito com excelência passará a ser deficiente.

> *Há uma lei de vida, cruel e exata, que afirma que devemos crescer ou, caso contrário, pagaremos um alto preço por continuar sendo os mesmos.*
> — Norman Mailer

Recebemos tarefas em abundância, até que a mente chega ao seu limite, ao seu esgotamento. O espírito tem a capacidade de sonhar e alcançar o mundo, porém o corpo e a mente não o acompanham. É onde precisamos começar a delegar, mas sem deixar de supervisionar.

Delegar significa colocar nos outros o que temos em nós mesmos.

O resultado será mais trabalho, caso contrário, se não delegarmos, chegará um momento em que nosso crescimento estancará. Nosso corpo dirá "chega!", porque você não terá delegado a tarefa a tempo.

Delegar não é negar, nem deixar, nem preguiça, é colocar no outro, é expansão. É saber que, ao fazer isso, virá algo maior.

Se a visão é grande, a expansão será grande.

Delegar não significa passar a tarefa e esquecê-la. Delegamos a tarefa, porém nunca a responsabilidade. Portanto, é preciso supervisionar para garantir que ela está sendo realizada.

Há coisas que são indelegáveis. Por exemplo: eu não posso delegar a visão do meu projeto, da minha empresa, mas posso delegar as tarefas aos gerentes, aos chefes, aos supervisores. Ao fazer isso, também estaremos dando a outros a oportunidade de crescer e de que possam mostrar todo o seu potencial.

Para receber coisas maiores, deve-se mudar a mentalidade. Não tenha medo de delegar, ninguém poderá roubar de você o que lhe pertence, a capacidade de monitorar os outros, de dirigir uma equipe de trabalho. Ela só pertence a você, não pode ser roubada, é sua. Apenas os inseguros não tomam a atitude de delegar.

Quer mais?

As pessoas mudam quando percebem o potencial que têm para mudar as coisas.
— Paulo Coelho

Se a sua resposta for sim, esvazie-se para se encher com tudo de novo — de novas ideias, de novos conceitos, de nova tecnologia, enfim, tudo que há de novo e avançado. Quando uma pessoa é segura, não tem medo de entregar, porque sabe que quanto mais der, mais receberá. Este é um princípio que muita gente de sucesso usou e, sobretudo, gente de muito poder econômico.

Quanto mais você doa, mais receberá de volta. Aplique esse princípio e nada mais do que fizer terá limites.

15

Gere um impacto emocional positivo

1. Nunca é tarde

As pessoas que lutam por um sonho, por um objetivo, sabem que, enquanto estiverem vivas, haverá uma nova oportunidade:

- no campo afetivo;
- no econômico;
- no familiar;
- na saúde;
- nos sonhos;
- nos projetos;
- com os amigos.

Todos nós nascemos com potencial, com recursos internos e, durante a vida, adquirimos outros, para sermos capazes de provocar mudanças. Liderar, administrar e dirigir implicam mudanças.

Por isso, em todo projeto que começar, você precisará ser flexível com as mudanças. Ser um gerador de mudanças não é um título que se obtém em alguma universidade: significa ser uma pessoa que entendeu que, se algo não funciona, é preciso mudar, e que, se continuo fazendo o mesmo, terei sempre os mesmos resultados. Quem acredita em si mesmo, que aposta em seu projeto e em sua equipe, sabe que chegará o momento em que deverá mudar a maneira de fazer as coisas.

> *O amanhã pertence aos inovadores.*
> — André Gide

Cada um tem uma maneira específica de fazer as coisas, é o que a psicologia denomina "cultura organizacional". *Cultura é a maneira como se faz alguma coisa, é um hábito.*

Mudar a cultura não é nada fácil. No entanto, uma pessoa com potencial, com capacidade de mudança, tem habilidade para abandonar tudo o que não é feito com excelência para poder dar lugar ao bom e ao melhor.

Vejamos como se move uma pessoa que dá lugar às novas oportunidades:

> *Aceite os riscos, porque a vida não é nada mais do que uma oportunidade. O homem que chega mais longe é, geralmente, aquele que deseja e se atreve a fazer isso.*
> — Dale Carnegie

Para começar, chegue meia hora mais cedo no trabalho. Não importa a tarefa a ser cumprida, o importante é fazer tudo com excelência, pois, ao improvisar, nos arriscamos a não conseguir supervisionar as tarefas com tempo.

Um gerador de mudanças é alguém forte. As emoções não podem atrapalhar o trabalho que você está desenvolvendo, porque é você mesmo quem deve gerar um impacto emocional positivo no ambiente em que se encontra.

Um bom líder não tenta impressionar, mas impactar afetivamente.

Conta uma história verídica, que, certa vez, uma mulher decidiu viajar a Hong Kong. Para sua surpresa, logo que chegou, foi assaltada. Por isso, decidiu ir para a Dinamarca, porém lá também foi roubada, sendo levado até o passaporte. Ela então decide ligar para a embaixada dos Estados Unidos, para que facilitassem seu regresso ao país. E assim foi, a embaixada conseguiu um voo para que ela pudesse voltar para sua casa. Quando a senhora já estava sentada no avião, começou a chorar. Ao vê-la naquela situação, a comissária de bordo perguntou o que acontecia, e ela contou tudo que tinha se passado. Terminada a conversa, a comissária disse:

— Deixe-me ver o que posso fazer!

A mulher pensou: "O que ela vai fazer? Se roubaram tudo que eu tinha e estou no avião, apenas quero ir para casa". Dez minutos depois, a comissária voltou e disse:

— Pode vir, já falei com o meu supervisor, vamos passá-la à primeira classe para que a senhora viaje com mais comodidade.

Essa mulher conta que, mesmo em meio a tanta tristeza, nunca se esquecerá de que deve lealdade àquela companhia aérea, porque alguém, no meio de sua dor, lhe fez um carinho com um gesto inesperado.

Um bom líder gera impactos emocionais positivos.

2. Comece de novo, quantas vezes for necessário

As pessoas que estão abertas às novas oportunidades sabem que podem transformar a realidade em que se encontram. Talvez haja uma área da nossa vida que não esteja funcionando como deveria, seja no emocional, no físico ou no trabalho. Contudo, dentro de nós está a capacidade de mudar tudo aquilo que não funciona.

Se eu perder este jogo, haverá outro.
E se perder o campeonato, também haverá outro campeonato.
E se perder uma Copa do Mundo, daqui a quatro anos haverá outra.
Sempre haverá novas oportunidades.

Se permanecermos atentos, sempre se abrirá uma nova janela, ou haverá uma nova porta que nós mesmos poderemos abrir. Só precisamos incorporar à nossa vida hábitos e atitudes que nos coloquem na frente das grandes oportunidades.

> *A vida é a única oportunidade que temos para fazer algo que vale a pena.*
> — Autor desconhecido

- **Potencializadores de paixão.** As pessoas de sucesso potencializam sua paixão. Há fases na vida, como quando estamos apaixonados ou somos crianças, em que é possível identificar com clareza a paixão.

Não devemos perder essa potência nunca: com a idade que tiver, seja apaixonado por tudo que fizer.

- **Humildes e velozes.** Humildade não é ter os sapatos rasgados, humildade é ter vontade de aprender. Os vencedores são aqueles que têm velocidade para aprender. *Imite o que é bom e mate a "burocracia mental"*. Muitos são rápidos para aprender, porém lentos para desaprender as coisas que não funcionam.
- **Prestativos.** Você compra alguma coisa porque ela tem utilidade na sua vida; quando deixa de ser útil, não serve mais. *As relações sociais se baseiam na utilidade.* As pessoas eficazes são aquelas sempre dispostas a fazer alguma coisa; o serviço é uma utilidade. Seja extraordinariamente prestativo.
- **Procurar os gigantes.** Escolha, imite, iguale, supere e reproduza os melhores. Siga-os e chegará longe.
- **Tenazes e persistentes.** Mantenha a sua palavra, o seu sonho, o seu projeto. Não importa o que digam os outros, mantenha o que está determinado a alcançar. Não importa o que tenha perdido, você está perante a uma oportunidade de alcançá-lo. Lute pelo que é seu. *Diga-me quanta dor suporta, e direi como será sua vitória.* O seu nível de resistência é equivalente ao seu nível de sucesso.

> *Você é aquilo pelo que luta.*
> — Milton Ruiz

- **Saber pedir.** Não importa que tenham falado que não, continue pedindo, mas com sabedoria. O que quer dizer "sabedoria"? Procurar o momento apropriado. O momento ideal não é quando o outro está com pressa, quando estamos em crise, quando já está tarde da noite. Quando o outro não pode prestar atenção em você porque está cansado, porque tem mil coisas na cabeça, não é momento de pedir. Peçamos com sabedoria, com *precisão* e *amabilidade*. Por exemplo: "Por favor"; "Eu preciso"; "Eu gostaria". Ao pedir com "jeito" e precisão, receberá a ajuda de que precisa. E sabe qual é a melhor forma de pedir?
  - › Quando você dá primeiro.
  - › Quando você oferece alguma coisa.
  - › Quando você consegue se relacionar com o outro.

Dar e receber é um princípio poderoso e de sucesso. Cada vez que der, estará abrindo uma porta a uma nova possibilidade.

Não importa a idade que você tem, para aqueles que se mexem, sempre haverá novas oportunidades. Cada vez que se mexer, apesar das dificuldades, cada vez que romper com o conformismo e a comodidade, haverá pressão, é claro! Porém, também haverá uma nova oportunidade. Existe uma inconformidade positiva, que é aquela que o leva a lutar por mais, e uma inconformidade negativa, expressada por aqueles que fazem da queixa um hábito de vida. Escolha ser alguém inconformadamente positivo, que *propõe soluções*; quando fizer isso, capturará as melhores oportunidades.

As melhores oportunidades chegarão quando menos espera. *Há grandes oportunidades nos lugares mais improváveis, você só precisa procurá-las.* Há um lugar guardado para você, uma oportunidade que está à sua espera. Seja obsessivo pelo bem. Dê a seus filhos, a seu casamento, a seu país outra oportunidade. No entanto, acima de todas as coisas, dê a você mesmo *novas e boas oportunidades*.

> *Cada dia é uma oportunidade de sair à rua e enfrentar o vento. Os sonhos, às vezes, se tornam realidade, dê tempo ao tempo.*
> — Fito Páez

16

Administre a pressão com eficácia

1. Minha cabeça vai explodir

Quando o sistema imunológico da pessoa está sadio, ela vive melhor, mais e feliz. Por outro lado, diariamente nos vemos em meio a um estresse que prejudica o sistema imunológico.

Vejamos então o que chamamos de estresse, palavra que usamos cotidianamente.

Se o seu cabelo caiu, falam que é estresse; se engordou, falam que é estresse; se está com dor de cabeça, é estresse; se está com problemas digestivos, é estresse. A causa de tudo é o estresse. Vamos definir, então, esse conceito para dar a ele o seu real significado.

O que chamamos de estresse?

A dificuldade que enfrentamos ao lidar com aqueles fatos que nos colocam pressão.

Certamente, no meio de um projeto, de um empreendimento, você vai se encontrar sob pressão, com dificuldades, empecilhos, pessoas que primeiro dizem que sim e, no momento em que mais precisa delas, dizem outra coisa.

> *Os objetivos são os ingredientes que dão propósito à nossa vida.*
> — Autor desconhecido

No entanto, é no momento de pressão e crise que demonstramos a nossa valentia, a paixão que, apesar da tensão que estamos vivendo, nos impulsiona a seguir rumo aos nossos objetivos.

2. Sob pressão... Sabedoria!

O dr. Grahan Jones disse em um dos seus livros: "Os campeões de elite não são pessoas mais dotadas, são apenas aquelas que aprenderam a amar a pressão, pois ela os impulsiona a conseguir mais; estão focados internamente e autodirigidos, concentram-se na excelência e se esquecem do resto; não se deixam distrair pelas vitórias ou fracassos dos outros, tampouco pelas tragédias pessoais, porque estão focados nos resultados a longo prazo". Os campeões adoram as pressões.

Devemos aprender a administrar as pressões, caso contrário, podemos ficar doentes. O dr. López Rosetti, cardiologista e especialista em estresse, afirma que a plataforma emocional de quase todas as doenças é o estresse.

No entanto, a pressão e a preocupação podem ser boas, porque enviam sangue aos pés e às mãos para brigar ou para fugir, para lutar ou escapar. Porém, quando o estresse é permanente, o corpo gera uma substância chamada "cortisol" que, superando certo nível, é prejudicial ao nosso organismo.

A ansiedade é um riacho de temor que corre pela mente. Se alimentada, pode se transformar em uma corrente que arrastará todos os nossos pensamentos.
— A. Roche

As pressões são boas, as preocupações são boas; no entanto, quando em excesso, são como venenos que matam.

Algumas das doenças que, segundo os médicos, são provocadas pelo estresse são: alergias, urticárias, eczemas e asma. Elas aparecem quando o nosso corpo produz cortisol de forma constante. Então, o sistema imunológico fica danificado e, em vez de destruir as células tumorais, destrói as células sadias, gerando mecanismos de reação alérgica perante qualquer situação.

Também são provocadas pelo estresse a maioria das dores de cabeça e as enxaquecas, além do bruxismo. Dores nas costas, fibromialgia, artrite e tendinite, além de problemas gastrointestinais, são igualmente causados, na maioria dos casos, pelo estresse. Por isso, é necessário que aprendamos a lidar com a preocupação e a ansiedade.

O que acontece quando uma pessoa fica constantemente ansiosa?

Ela tem pensamentos obsessivos, que frearão seus objetivos.

Precisamos distinguir sob que pressão nos encontramos, porque, como disse antes, nem todas elas são ruins. Sentiremos pressão se dirigirmos uma empresa com cinquenta ou cem pessoas sob nosso comando, se a nossa agenda não tiver um só dia livre; mas, se a cada amanhecer tivermos novos projetos a começar, essa pressão será positiva. Se você estiver a cargo de projetos, de desafios, sempre haverá pressão.

Se você quiser que alguém defenda algo, escolha o fundador, o criador, aquele que esteve sob pressão e atravessou todas as dificuldades que se apresentaram para chegar à meta.

A pressão desafia você. Todo aquele que tiver dificuldades para chegar ao seu objetivo, o desfrutará de uma maneira incrível quando conseguir. Só aquele que acredita em seu sonho vai defendê-lo com unhas e dentes; só você sabe as dificuldades pelas quais teve de passar durante o processo.

Todos os homens de sucesso foram pressionados e passaram por preocupações, só que eles souberam manejar a pressão em que se encontravam.

3. Pressões bem-sucedidas

> *É ignorância não saber diferenciar entre o que necessita ser exibido e o que não precisa.*
> — Aristóteles

Durante uma entrevista, Tiger Woods disse sobre suas "aventuras": "Eu estava tão pressionado que senti que tinha o direito de me dar essas coisas".

Aqui é quando a pressão pode trazer problemas maiores do que a pressão em si mesma. Nem tudo que traz alívio é bom. Para ter alívio partimos para os vícios, erramos nas palavras que dizemos, somos infiéis. É necessário frear, antes que a tensão fuja do nosso controle.

Precisamos distinguir sob que pressão nos encontramos para lidar com ela com eficácia.

As pressões podem nos deixar doentes, porém também podem nos desafiar a alcançar um novo nível de sucesso.

Mesmo se estiver sob pressão, não desista. Você precisa saber que, depois de lutar pelo seu objetivo, virá um tempo de descanso e de prazer.

Depois de cada vitória, descanse!

Tudo deve cumprir seu ciclo: pressão–descanso; pressão–descanso.

Não podemos viver sob pressão, precisamos aprender a nos cuidar e repor as energias. O descanso fará com que você se recupere, que volte a se encher de paixão e de sabedoria para enfrentar de forma mais inteligente o novo desafio que tiver pela frente.

Ser sábio é saber administrar a pressão.

Procure recompensas que o motivem.

Aprenda a se motivar. Procure a recompensa — seja emocional, profissional ou espiritual — em cada empreendimento que começar. Sempre há um prêmio. A merecida recompensa vai motivá-lo a lutar por mais. Quando visualizar o prêmio que está chegando, a pressão será momentânea e você saberá administrá-la.

Liberte-se de todos e de tudo.

Distancie-se das vozes externas que anunciam fracasso, una-se a seu sonho, a seu projeto. Quando conseguir libertar-se do exterior, sua voz interior dirá: "Não desista! Falta pouco!".

Pense em quais são suas pressões e preocupações, defina-as e, quando fizer isso, pergunte-se:

Vale a pena seguir dando voltas nesse assunto?

Essa pressão vale meu tempo e meu esforço?

Para onde esta preocupação está me levando?

Depois que você diferenciar uma pressão doente de uma pressão que o aproximará do seu sonho — e que é própria do nível de liderança e de projeto no qual se encontra —, respire fundo, encha-se de paz e siga em frente. Quando cada desafio que empreender estiver inundado pela sua convicção, o estresse só será um degrau a mais para subir, e não o obstáculo que o levará a abandonar o seu propósito.

> *Tudo funciona neste mundo se você souber administrar.*
> *— Autor desconhecido*

Lembre-se de que, quando chegar aonde quer, virá um grande tempo de descanso, prazer e recompensa.

17

Utilize o "sim" e o "não" com firmeza

1. Ambiente livre de tóxicos

Ninguém tem problemas com o cachorro ou o gato, todos os problemas que temos são interpessoais, sempre há gente envolvida. O melhor e o pior são oriundos das pessoas.

Há pessoas tanto nas melhores quanto nas piores lembranças que temos. Quando você pensa na sua mágoa mais dolorida, no seu dia mais luminoso e gratificante, vai descobrir que houve gente na sua vida. E também que, em todos os momentos, lidou com gente "tóxica", que tem como objetivo amargar a sua vida, humilhá-lo, destruí-lo; e gente saudável, que vive focada em sua meta, orientada a fazer o bem, quando tem esse poder nas suas mãos.

A maior fonte de satisfação e de maior frustração vem das pessoas.

A humilhação é uma das experiências universais mais dolorosas que existem. Ser humilhado é se sentir rebaixado, inferiorizado, submetido, vexado, ultrajado pelo outro.

Humilhar não é o mesmo que fazer uma brincadeira; a humilhação tem o objetivo de arruinar uma pessoa, o anseio de destruir seu coração, sua vida, seu sonho. Enfim, gente "tóxica" tem o propósito de complicar e machucar a vida dos outros. Como?

- **Menosprezando.** Desqualificando o outro. Quando alguém desqualificar você com o objetivo de destruí-lo, está humilhando-o. Pode fazer isso criticando negativamente o seu estilo, sua maneira de falar, a família, rebaixar a sua educação, o lugar onde trabalha; desdenhar a sua religião ou a sua fé.
- **Difamando.** Pretendem destruir você ofendendo a sua honra, inventando uma calúnia, uma fofoca ou um rumor.
- **Sentindo vergonha.** Se alguém se envergonhar de você, está humilhando-o. Há pais que se envergonham de seus filhos, talvez pela maneira de falar ou pelo seu aspecto. A culpa não é sinônimo de vergonha, ela é: "fiz algo de errado, me sinto mal"; vergonha é: "sou ruim". O envergonhado não fez nada errado, porém, sente-se errado.
- **Controlando.** Quando querem saber onde você vai, com quem fala, a que horas volta, controlar a sua vida econômica, quando dizem com quem pode ou não namorar, o que pode e o que não estudar, estão humilhando você.

E quando uma pessoa é humilhada, a sua primeira atitude é se esconder, porque se sentirá inútil e começará a se automenosprezar, dando poder às palavras que recebeu de vozes externas. No entanto, não há humilhação que possa vencer alguém determinado a alcançar seu propósito.

> *Os objetivos são os ingredientes que dão propósito à nossa vida.*
> — Autor desconhecido

Não viva com rancores, porque eles são uma ferida aberta. Se você estiver enfraquecido, virá alguém "tóxico" se aproveitar do seu "calcanhar de Aquiles". Alguém vai usar a sua baixa autoestima contra você; por isso é preciso curar a sua ferida, até que se transforme em uma mínima cicatriz, e não doa mais.

2. Fugindo da toxicidade

Para se livrar desse tipo de pessoa, você deve começar por não fazer o que não gosta que façam a você. Cada vez que se concentrar em ver os defeitos dos outros, em demonstrar seus erros, estará criando laços com eles.

- **Se olhar para os defeitos dos outros, eles olharão para os seus.** O que é semelhante atrai o semelhante, e o que você semeia, colhe; se utilizar o direito de avaliar, julgar, criticar os defeitos dos outros, eles se sentirão no mesmo direito de avaliar os seus. Quando você começa a olhar para os defeitos do outro, não somente fica ligado a essa pessoa, não só perde tempo, mas também permite que invadam a sua vida e vejam seus próprios defeitos. Quando cair na tentação de olhar para os defeitos do outro, elimine-a de uma vez.
- **Quando você critica, está permitindo que outros façam o mesmo com você.** Nunca critique ninguém que hoje possa estar em desvantagem, pois, amanhã, essa pessoa poderá ser seu chefe. Quando você olha para os defeitos dos outros, está revelando que esse é o defeito que está na sua vida, porque muitas vezes uma acusação é uma autoconfissão.
- **O que você não tolera em si mesmo é o que vê no outro.**
  - › Quando os outros não fazem nada, são preguiçosos; quando você não faz nada, é porque está muito cansado.
  - › Quando os outros se colocam a favor de uma questão, são teimosos; quando você faz isso, está sendo firme.
  - › Quando os outros não cumprimentam, são antipáticos; quando você passa sem cumprimentar, é distraído.
  - › Quando os outros falam deles mesmos, são egoístas; quando você faz isso, é porque precisa desabafar.
  - › Quando os outros se esforçam por ser agradáveis, têm uma segunda intenção; quando você age dessa maneira, é gentil.
  - › Quando os outros fazem alguma coisa sem que tenham recebido ordem para fazê-lo, estão se excedendo; quando você faz isso, é iniciativa.

- › Quando os outros progridem, tiveram sorte; quando você progride, é fruto de muito trabalho.
- › Quando os outros lutam pelos seus próprios direitos, são invasivos; quando você faz isso, é sinal de caráter.

Todos nós temos defeitos. Essa é uma das melhores revelações que nos libertará de olhar para os defeitos dos outros. Você só precisa desenvolver uma mentalidade à prova de veneno.

Não ande com pessoas "tóxicas". Mantenha-se longe de quem o deixa doente, porque há pessoas com problemas e pessoas problemáticas. Ame a todos, porém, não trabalhe com todos. Escolha aqueles que estarão no seu círculo mais íntimo.

Rubén, um amigo meu, diz que existem três tipos de pessoas:

- **Os arbustos.** São aqueles que não servem para nada, gente que não quer fazer absolutamente nada, não produz, não espera nada da vida.
- **Os espinhos.** Aquelas pessoas que enchem os outros de culpas, que invadem a vida de quem as rodeia e geram problemas para todos.
- **Os escorpiões.** São aqueles que vêm para condenar suas ações, e, se não acharem um motivo, inventarão um.

Para ser mais ainda mais claro, existem essas personalidades:

- **O enxerido.** São essas pessoas que se metem na vida dos outros, que se aproximam para pedir informação sobre outra pessoa. Hoje averiguam sobre a vida dos outros, amanhã farão o mesmo com a sua. Seja reservado, não abra seu coração a qualquer pessoa.
- **O controlador.** São aqueles que querem controlar a sua vida, manipular, exigir, são pessoas ameaçadoras: "se você sair desse emprego, ninguém mais vai contratar você". Distancie-se das pessoas que controlam você, elas têm um lema "você é como eu: precisa pensar como eu, fazer como eu faço". E você é você, e eu sou eu.
- **O triangulador.** São os que buscam alianças. "Aliança" quer dizer "dois para uma meta"; por outro lado, "coalizão" quer dizer "dois contra outro". Nunca se associe com ninguém para ir contra outra

pessoa, associe-se com alguém para ir atrás de seu objetivo. Quando um casal se separa, muitas vezes procura armar coligações e acaba envolvendo os filhos no conflito.

- **O prometedor.** Seja cuidadoso com gente que promete, promete e promete... "Veja, tenho uma ideia maravilhosa que funcionou um monte de vezes, só preciso de mais dez mil reais [quantia que você tem] e eu faço todos os contatos." Quando alguém vier com promessas, olhe para a vida dele e observe: como é que ele vai ter um negócio salvador se ainda não tem nem um carro, por exemplo? Quando alguém vier com esse tipo de promessas, aprenda a fugir.

> *Quando um homem acredita em promessas, o mundo fica menor.*
> — Autor desconhecido

- **O gerador de culpa.** "Por que você não me ligou?" "Devia ter se lembrado, devia ter pensado um pouco em mim". Escape dessa gente "tóxica" cujo único objetivo é encher você de culpa.
- **Aquele que vive do passado.** São as pessoas que não têm visão: elas ajudaram você no passado, mas agora não veem o que você vê. O seu passado foi uma etapa, talvez muito boa, porém é preciso se projetar para frente.
- **O crítico.** Fuja dos que gostam de criticar. Pessoas que não se conformam com nada, e criticam tudo porque isso faz com que se sintam melhor; na verdade estão querendo dizer que são melhores do que você.
- **O insatisfeito.** Quem não se conforma com nada, sempre falta algo que lhe satisfaça. Fique longe dele

Não conte nada a quem não tem uma solução para lhe apresentar. Procure sempre aquele que estiver correndo na sua frente, e não o que vem atrás, porque ele não pode ajudá-lo, mas o da frente já tem uma vantagem, e pode fazer alguma coisa por você.

3. Curando a toxicidade

Um rei andava por uma vila muito rochosa, quando ficou bravo e disse:
— Quero que matem todas as vacas e entapetem toda a vila.

Juntaram-se todos os sábios e falaram para ele:

— Muito bem, precisamos matar dez mil vacas, curtir todo o couro e, em dez anos, teremos todo o reino coberto de tapetes para que o nosso rei não se machuque.

Veio o bobo da corte e pediu permissão para dizer algo, e o rei aceitou.

— Por que não matam uma vaca, tiram o couro e fazem uns sapatos para o rei?

E, assim, o rei aprendeu que era melhor mudar ele mesmo antes de tentar mudar a vila toda.

Não tente mudar ninguém, porque você só pode mudar a si mesmo. Quando uma pessoa não tenta mudar o outro, ele se sente livre para mudar se quiser.

Não espere que ninguém satisfaça suas carências afetivas, não procure nos outros o que falta em você. Não espere suprir uma necessidade afetiva com ninguém.

Para que esperar se puder fazer?
— H. Bueno

As pessoas se frustram quando esperam algo de alguém: uma ligação, um beijo, um abraço; por isso, não espere que liguem, nem que o amem, nem que perguntem como você está. Não espere nada de ninguém, e se sentirá livre.

Tudo que lhe derem será um "bônus", um extra; receba, porém não espere por algo, porque ninguém lhe deve nada. Ninguém tem o dever de entendê-lo, não crie expectativa, e não sairá machucado.

Tudo de que você precisa não está fora, mas dentro de você. A única coisa que deve fazer é respirar um pouco mais, para continuar enfrentando seu problema.

O seu problema desafiará a pessoa valiosa que há dentro de você para ensiná-lo que você não é o inquilino da sua vida, mas o dono, e que ela merece a sua melhor atuação.

Haverá conflitos? É claro, eles o lembrarão de que você não nasceu para participar, nasceu para ganhar. Não espere que ninguém lute por você: lute e defenda o que é seu; não permita que nenhum veneno atinja o seu campo.

As coisas boas que derem a você, receba, aceite, desfrute, mas não espere nada de ninguém e será livre para que ninguém nunca possa machucá-lo.

O seu futuro está dentro de você, o seu sucesso está no seu interior.

Você é livre para decidir e escolher o que pensar e o que fazer. Ninguém pode ter a capacidade de controlá-lo, a menos que você se entregue; decida ser feliz; decida o que vai pensar, o que vai sentir. Semeie em você.

Você é o campo e a herança que deixará para a sua próxima geração. O seu campo é sua vocação, é o lugar do seu sucesso, do seu crescimento, da sua abundância.

É hora de começar a pedir para você; quando fizer e se der o crédito que merece, vai se converter em uma pessoa extraordinária.

O seu campo é seu projeto, é o lugar de abundância que Deus designou para a sua vida. *Se eu semear o melhor, sempre haverá um extra em mim.* Tudo que sai é porque primeiro entrou.

Se semear o melhor, será alguém diferente dos demais. Será único.

Não deixe que ninguém semeie lixo no seu terreno, não deixe que as pessoas com dívidas digam a você como prosperar, não deixe que as pessoas que não têm fé semeiem em você palavras de fé.

Lute pela sua vida, pelo que lhe pertence. Semeie sem culpa as melhores sementes para sua vida. Quando fizer isso, se tornará uma pessoa extraordinária, e sempre terá mais por receber.

18

Alimente sua fé

1. Enquanto não chegar lá, não vou parar

Em cada momento da sua vida, lute pelo seu sonho, não permita que ninguém interfira nisso. Em você existem sonhos grandes e extraordinários, e só você poderá lutar por eles. Faça isso com todas as suas forças e com paixão, porque ninguém fará isso por você; as pessoas não estão interessadas no seu sonho, mas você está. Recupere-se e comece a dizer que sim!

Seu tempo é hoje, não amanhã, nem foi ontem. O seu hoje tem importância. O tempo do seu sonho é agora. Por isso, ande em direção a ele, e atravesse os três passos necessários para alcançá-lo. Como disse John Hagee, todo sonho possui três aspectos:

- Promessa
- Problema
- Provisão

Dentro de você deve estar a certeza, a **Promessa** que fará a você mesmo de chegar até ele. As pessoas elaboram seus desejos de acordo com a etapa em que se encontram. Você pode estar a metros do seu sonho, e a quilômetros de sua maneira de pensar; assim como pode estar a ponto de alcançar coisas grandes, porém, muito longe de sua maneira de pensar. É por isso que, em primeiro lugar, devemos nos perguntar em que acreditamos e lidar com toda a bagagem guardada em nosso sistema de crenças. Quando fizermos isso, nos encheremos de esperanças e serão os nossos sonhos que nos empurrarão e nos mobilizarão para conquistá-los.

O **Problema** vem depois de ter feito a promessa de alcançá-lo. O tamanho do seu problema estará de acordo com o tamanho do seu sonho. Seu sonho é grande? Então grandes serão os problemas. No entanto, não desanime, esse problema só o promoverá a um nível de força e de vontade ainda maior, capaz de resistir a qualquer ataque. As crises nos tornam seres maduros e responsáveis. Seja constante e perseverante. Viva com paixão, positivamente.

Como uma semente, procure sempre a luz que o semeou.

O terceiro momento deste sonho é a **Provisão**. Deus dispôs que tudo de que você precisar vai chegar a suas mãos. O sonho que está dentro de seu coração é o mesmo que Ele criou para você. Deus jamais deixaria você sonhar algo que não pudesse alcançar. O crescimento verdadeiro é, em partes iguais, aprender, incorporar coisas novas e desaprender, abandonar os antigos hábitos. Desaprender é mais difícil, porque os hábitos são como as células malignas, até você decidir tirá-las da sua mente, elas se reproduzirão. No entanto, com fé e esperança e fazendo as mudanças pertinentes, você conseguirá!

Comece a pensar como fazem os vencedores. Eles dizem: "Vou ganhar onde antes tinha perdido"; não importa que haja alguém melhor, você vai ganhar; não importa que o leão tenha mais força, você vai vencer; e não importa o tamanho de seus problemas, você vai conseguir. O problema não foi a briga, foram os pensamentos com os quais a encarou e com os quais determinou que ia perder. Libere o gigante que há dentro de você. Faça tudo que tiver de fazer. Na vida existem dois tipos de remorsos: pelo que você fez e pelo que não fez. Talvez o remorso mais doloroso *é pelo que não fizemos*. Anime-se a fazer, neste tempo que hoje está nas suas mãos, tudo que tenha que fazer. O seu sonho não tem data de validade.

Una-se a Deus, à sua Fonte, abrace-o e chegará ao topo. Quando o fizer, dormirá tranquilo porque saberá que unido a Ele nada, absolutamente nada, faltará. Deus está disposto, e se você estiver disposto, Ele escolherá lugares para que você descanse, sonhos para que conquiste e desfrute de uma vida bem vivida. O bem e a misericórdia de Deus seguirão você todos os dias da sua vida.

19

Pense como chefe

1. Se não houver recompensa, não brigue

O ambiente de sucesso já está criado, assim como seu sonho, o dinheiro de que você necessita e as viagens que deseja fazer. Só é preciso que alguém se anime a tomar o que lhe pertence, que sonhe que pode alcançar o que espera.

Você tem a habilidade para conseguir, só precisa colocar forças e vontade para chegar a mais do que tem hoje; energias para aumentar a aposta.

O fato é que muitas pessoas vivem a vida tentando, desconhecendo que precisamos deixar de tentar para capturar tudo que estamos esperando. Pois bem, se alguém perguntar o que está esperando, o que você responderia?

> *Eu sou o dono do meu destino; eu sou o capitão da minha alma.*
> — William E. Henley

Precisamos dar um nome à colheita que estamos esperando. Tudo que tiver de fazer para recebê-la, faça-o, não importa a idade que tiver, porque você é dono de seu sonho. Essas mudanças devem ser feitas quando estivermos bem, quando não precisarmos nada de ninguém e pudermos negociar em nosso favor.

Uma vez que você tiver feito todos os ajustes pertinentes, estime uma data para seu sucesso. Esteja determinado a alcançá-lo no presente, não amanhã ou no futuro: deve consegui-lo hoje.

A sua normalidade deve ser a multiplicação. Seja o dono do seu projeto, não viva em uma posição de assalariado. Qual é a diferença entre um dono e um assalariado?

- Um assalariado é alguém que faz porque é pago para isso; o dono não faz porque é pago, ele faz porque é o dono.
- Um assalariado na vida é aquele que diz: "Hoje vim para cumprir, porém, isso não me recompensa". O dono afirma: "Isto é meu, este sonho é meu, eu vou cuidar dele e vou conseguir".

Antes de procurar emprego, considere o que o apaixona. É preciso pensar em que tipo de vida quer ter, como gostaria de viver, do que precisa para ser feliz. O trabalho será um elemento, não a sua vida. Trabalhar é fazer o que você ama, é um aspecto que potencializará todo o seu projeto de vida, porém, a sua vida é muito mais do que isso.

O primeiro que você precisa decidir é que estilo de vida quer ter. Por que há homens que se estressam no trabalho, ou que ficam deprimidos, e, se perdessem o trabalho, acabariam se matando? Porque fizeram do trabalho toda sua vida. No entanto, "o trabalho", o que nos apaixona, é apenas um elemento dentro de todo um projeto.

Preciso tirar um tempo para mim, sentar e dizer a mim mesmo para que nasci, que estilo de vida quero ter, decidir e abraçar o meu propósito. Depois que traçar o plano para minha própria vida, estou pronto para investir nela.

É preciso investir em nossa capacidade, nossos pontos fortes, naquilo que fazemos bem. Todos nós somos bons em algo e ruins em outra coisa; a águia não sabe escalar, porém sabe voar. Não invista em ser um especialista de um pouquinho de cada coisa, invista para melhorar na *sua* área. É disto que eu gosto de fazer, no que sou melhor? Então é nisso eu vou investir para ser o melhor.

Na Universidade de Yale foi feita uma pesquisa sobre as pessoas de sucesso no seu trabalho; no resultado, 15% responde à qualidade técnica, porém, 85% é atitude e, das atitudes, a mais valiosa é o entusiasmo.

> *Investir em conhecimentos produz sempre os melhores benefícios.*
> — Benjamin Franklin

Não devemos investir somente em melhorar a nossa capacidade, mas também em melhorar a nossa atitude, em sorrir, em nos relacionar melhor com as outras pessoas. Cinco mil gerentes de Recursos Humanos nos Estados Unidos consideraram que a virtude mais importante de um candidato é o sorriso.

Enquanto você não for dono da sua colheita, viverá como um assalariado. Um dono vive sem desculpas, um assalariado vive dependendo delas. Um dono sente paixão pelo seu trabalho, um assalariado cumpre uma jornada de trabalho.

Só você pode matar as desculpas; sempre que quiser avançar haverá empecilhos, alguém ou muitos que queiram incomodá-lo, porém, não se preocupe, nem reaja, vale a pena! O problema não são os gigantes, a crise; o problema é conseguir livrar-se das pessoas; quando fizer isso, você estará livre para tecer sua própria estratégia, e sua recompensa será boa e grande.

2. Semeie em boa terra

Comece a correr atrás do seu sonho, do que apaixona você, do que traz entusiasmo. Você deve saber responder às duas perguntas mais importantes: "Quem sou eu?" e "O que eu faço?".

William Barclay disse: "Há dois dias extraordinários na vida do homem: quando nasce e quando descobre o porquê".

Sabe por que as pessoas de sucesso descansam pouco? Porque vivem atrás de suas paixões; ao fazer isso, dormem pouco, porque já não conseguem dormir, durante a noite estão pensando naquilo de que gostam; deixam de "trabalhar", não têm mais horário, porque estão fazendo o que amam. Quando você atingir esse nível, será capaz de se conectar com as pessoas e as circunstâncias que têm o mesmo entusiasmo e a mesma forma de agir.

As pessoas de sucesso correm atrás de seus anseios. As pessoas felizes, as que brilham, estão alinhadas com suas paixões. *Se vivo as minhas paixões, viverei apaixonado.*

Quando falar com um músico, um cantor, um ator, verá como todos eles são apaixonados. Quando uma pessoa corre atrás de suas paixões ativa uma força, uma ordem de avançar e de não parar jamais. O que apaixona e entusiasma você? O quanto você gosta de viajar, da sua família, de prosperar, divertir-se, ler, escrever etc.? Quando alguém realiza sua paixão, todos se beneficiam.

> *As paixões fazem o homem viver, a sabedoria só o faz durar.*
> — Nicolas Chamfort

A melhor herança que você pode deixar para a sua família é ser uma pessoa apaixonada. As pessoas de sucesso econômico, profissional, felizes, correm atrás de suas paixões.

E toda pessoa de sucesso está associada à excelência. Quando as pessoas virem você, deverão associar seu nome à excelência. Você precisa estar associado à excelência, jamais à mediocridade (ser "medíocre" significa "estar na metade do caminho"). Nossa natureza foi projetada para chegarmos ao topo. E a excelência naquilo que fizermos possui três cartas de apresentação: *limpeza*, *ordem* e *pontualidade.*

- Estar limpo e arrumado será sua primeira carta de apresentação. Sua imagem externa deve apresentar quem você é.
- É necessário ser educado e respeitar as leis de convivência.
- Devemos ser pontuais. Se o combinado é às 15h, é às 15h, não 15h30.

Quando conseguir cumprir ou levar adiante todos estes requisitos, estará preparado para o mais complexo. Precisará estar acima de tudo que lhe interessa sem fraquejar, porque as pessoas não farão as coisas da mesma forma que você pode fazer.

Devemos tirar da nossa mente o mito de que todo mundo é bom e que todos vão se preocupar conosco.

Você deve ser seu próprio chefe. Cada vez que jogarem uma bomba, que julgarem você, cada vez que condenarem, não irão destruí-lo; pelo contrário, você ficará novamente de pé, irá se endireitar e crescer.

O que você faz quando é atacado? Vira-se e continua crescendo.

DeWitt Wallace disse: "Vou fazer uma revista pequena". Todo o mundo opinou: "Revistas pequenas? Elas não existem!". Ele explicou:

"Vou colocar frases". "Nenhuma revista publica frases!", responderam para ele. "Vou colocar histórias." Todos falaram que era uma bobagem, no entanto, ele seguiu em frente e fundou uma revista que tem 87 anos de existência e vende 15 milhões de exemplares no mundo: a Seleções Reader's Digest.

As pessoas o empurrarão a fazer o que todos fazem, por isso você deve se dispor a "sair da caixa" e falar: "Ainda não sei como vou fazer, mas sei que vou pensar em uma estratégia para chegar lá, seja como for".

Você precisa esperar o próximo ingrediente.

Ninguém destrói uma pessoa inspirada.

Conforme citado anteriormente, Charles Darrow estava desempregado em 1934. Para divertir-se, inventou um jogo e vendeu quinhentos milhões de unidades. Trata-se do Banco Imobiliário. É preciso perseverar e bater e bater, até chegar à meta.

3. Semear para colher

Uma vez que você chegou com dedicação à sua meta, não se ache o máximo. A forma mais rápida de ser rejeitado é sendo orgulhoso. Sabe o que as pessoas sempre observam? Observam se você acha que já sabe tudo; e, se assim parecer, não será promovido a um cargo melhor. Se você se acha o máximo, tudo dependerá de com quem está se comparando, por isso, sempre é melhor nivelar para cima, e nunca para baixo.

Humildade é ter *vontade de aprender*. Nunca se autoelogie; há pessoas que falam o seguinte: "Eu e eu". O sábio Salomão diz: "Não se louve, deixe que os outros o façam". Se quiser receber elogios, não fale de você mesmo, pois, quando fizer isso, os outros não o farão.

> *O segredo da sabedoria, do poder e do conhecimento é a humildade.*
> — Ernest Hemingway

Seja honesto, não transparente. Transparente é dizer tudo que pensa; se fizer isso, ganhará muitos inimigos. Precisamos, sim, ser honestos, dizer a verdade quando for útil. Isso não quer dizer mentir e enganar; quer dizer que, quando você é honesto, dirá aquilo que possa servir para construir algo melhor, e com isso poderá estabelecer uma conexão com os melhores.

As pessoas de sucesso procuram continuamente conhecer gente. O fracassado diz: "Não quero conhecer quem não conheço"; a pessoa de sucesso diz: "Quero conhecer os que não conheço para poder avançar cada dia mais".

Quando sair para semear, que o objetivo seja colher. Quando sair, que seja para ganhar; quando semear, que seja para ganhar; quando falar, que seja para ganhar. Pare de experimentar! *O que fizer, faça, porque terá colheita.*

Não aceite a sorte de ninguém, nem deseje sorte a ninguém, porque você não funciona pela sorte, mas sim porque sabe que há uma colheita para a sua vida.

Não importa o que os outros digam ou opinem; o que importa é para onde você está orientado.

- Tudo que fizer, faça para triunfar — ou não faça. O semeador saiu para semear porque sabia que tinha o que colher.
- Tudo que fizer deve estar marcado por um desejo sobrenatural de que vai dar certo em tudo que empreender, falar, fizer ou sonhar.

É preciso saber reagir às coisas negativas. Se hoje algo deu errado, siga adiante, porque quando vier a terra boa, você vai recuperar o tempo, as sementes, o dinheiro que gastou e os anos perdidos. Se disser: "Vou abandonar tudo porque não deu certo", não está fazendo a escolha certa. Não semeie emocionalmente, semeie em terra boa. Emoção não é sabedoria. Só uma pessoa madura pode crescer e avançar.

Na vida, colher é um processo, não um acontecimento. Porque o acontecimento é o resultado do processo. Em um determinado momento, você estará pronto para dar o grande passo e poderá alcançar mais do que o esperado, e entrará no nível da abundância.

Alguns têm grandes ideias e organizações, no entanto, há outros que têm sementes, e quem tem semente sempre tem colheita.

20

Sonhe grande

1. Desafios financeiros

Muitos tiveram o privilégio de receber uma herança. Algumas pessoas têm prosperidade e sucesso econômico do nada, no entanto, a maioria deve conquistá-lo diariamente. Quando as coisas não são herdadas, você deve aprender a criá-las. Quem aprende, depois de ter experimentado, terá autoridade para transmitir ao outro, para que este herde e nasça em berço de ouro.

Escassez é algo exterior, é ausência de recursos. Pobreza é um estado interior, é *estreiteza mental*. Quando se elaboram pensamentos estreitos, a escassez se *alimenta* da pobreza. Podemos ter os recursos, porém, se a nossa mente continuar estreita, perderemos aquilo que chegar às nossas mãos. Lembre-se:

Pobreza: estreiteza mental.
Escassez: ausência de recursos.

Qual é a fantasia que todos nós temos?
"Quando eu tiver dinheiro serei feliz."
"Se eu tivesse dinheiro..."

Assim, a pessoa se engana. Há pessoas que têm muito dinheiro e vivem ansiosas, preocupadas. Mas como é possível? Gente que tem dinheiro demais e, no entanto, não é feliz. O foco aqui, portanto, não é o dinheiro, porque "dinheiro" é exterior, e esse não é o assunto; o tema é a pobreza, a estreiteza mental de que se padece.

De acordo com Bren Kessel, existem seis tipos de mentalidades que nos fazem funcionar na escassez e com problemas. Vejamos:

1) Virar prisioneiro do dinheiro

O controlador é aquele que vive controlando o dinheiro, que vive com medo: "E se eu ficar desempregado?"; "E se o mundo acabar?"; "E se ficarmos doentes?"; "Como vou fazer essa cirurgia?"; "Como vamos pagar o colégio das crianças?".

O prisioneiro se caracteriza pela preocupação, e isso faz com que ele economize demais, fique ansioso e com medo de decidir. Quando alguém lhe oferece um emprego ou propõe um negócio, ele diz: "Não sei. E se der errado? Se eu perder tudo que economizei até agora?". São pessoas controladoras que somam e subtraem, preocupadas com tudo, o tempo todo.

Desfrutar de todos os prazeres é insensato; evitá-los, insensível.
— Plutarco

2) Procurar só o prazer

Aqueles que anunciam: "O dinheiro é para gastar, é preciso desfrutar da vida, alguns trabalham para viver e outros vivem para trabalhar; eu gasto o dinheiro, eu mereço, é um luxo ao qual vou me dar"; para eles, tudo é uma recompensa. Gente que não consegue poupar, pois sua motivação é o medo de não poder viver plenamente. Esse medo é o que os leva a pensar que devem gastar tudo, inclusive mais do que ganham. O seu medo é morrer sem ter vivido.

3) Gastar só com o que for necessário

Para essas pessoas, o importante é gastar menos. Reduzem os gastos, economizam, economizam e economizam. Seu paradigma é a *insegurança*: cada vez que economizam e contam o dinheiro, colocam debaixo do colchão e contam cada moedinha; porque economizar proporciona tranquilidade. No entanto, essa tranquilidade é momentânea, porque sempre terá que continuar poupando. Há duas maneiras de poupar: por *medo* ("vou guardar, caso eu fique doente"), ou por *sabedoria*, para quando tiver a oportunidade e contar com os recursos necessários para investir. Aprendamos a poupar porque haverá momentos e oportunidades que nos permitirão crescer em abundância.

> *Poupar não é apenas guardar, mas saber gastar.*
> — Autor desconhecido

4) O idealista, o desinteressado

Trata-se de quem não se interessa pelo dinheiro, e costuma dizer: "Dinheiro, vil metal; os ricos são os culpados por todos os problemas do mundo". São pessoas com um discurso de raiva; estão brigadas com o dinheiro, e não se importam nem em poupar, nem em crescer financeiramente. No entanto, geralmente, dependem da ajuda da mãe, de um amigo ou de um parente, e contraem dívidas, porque não administram bem as finanças. O que motiva os idealistas é a "raiva", e para eles só valem a vocação e a arte.

5) Os pops

São as pessoas que obsessivamente querem dinheiro para comprar tudo que for *de marca;* e, se não conseguem, sentem uma grande frustração, porque acreditam que por meio do dinheiro conquistarão *respeito* e *admiração*. Procuram os melhores colégios, as melhores viagens, as melhores roupas, e sua aparência está impecável. O que os motiva é a *insegurança* e o *vazio interior*, o qual é preenchido tentando acumular coisas, para que os outros se surpreendam com as suas conquistas.

6) O inocente

É a pessoa que jamais ganha e não atrai dinheiro; quando tem, perde. Elas dizem: "O dinheiro desaparece das minhas mãos". Quem têm dívidas permanentes, que não consegue ganhar dinheiro ou multiplicá-lo, e geralmente tem problemas financeiros.

> *Planeje suas ações para que seus fatos não sejam mais que desculpas camufladas na realidade.*
> — Autor desconhecido

Nenhuma dessas formas de vida nos levará à felicidade, muito menos irá expandir o que já temos. Tudo requer um plano, que aprendamos sabiamente a administrar o dinheiro, a gastá-lo, a tirar vantagens dele, a nos permitir alguns luxos, e também se precaver. Tudo precisa de um equilíbrio.

Com dinheiro é possível comprar uma casa, mas não um lar.
Com dinheiro é possível comprar medicamentos, mas não a saúde.
Com dinheiro é possível comprar livros, mas não a sabedoria.
Com dinheiro é possível comprar sexo, porém, nunca o amor.
Com dinheiro é possível comprar brinquedos, porém, nunca a alegria.
Com dinheiro é possível sustentar uma família, mas não fazê-la feliz.
Com dinheiro é possível comprar o trabalho de alguém, porém, nunca sua lealdade.

Nosso foco deve estar na nossa realidade interna, em questionar-nos determinados padrões de atitude e de pensamento que nos impedem de avançar. A sua realidade interna será a responsável por atrair a externa, e ela será o reflexo do que você pensa.

"Realidade interior" precede a "realidade exterior";
a realidade exterior é o reflexo do seu mundo interior.

A mente humana é um instrumento perfeito, só se deve saber tocá-lo.
— Autor desconhecido

Quando uma pessoa é demitida no trabalho, ela já fora demitida antes, na sua mente: a realidade interna vive em constante ligação com a externa.

Quando uma pessoa se dá bem e supera as crises, não é porque a solução caiu do céu, mas porque ela decidiu sair dessa situação.

Se um ladrão entrar no consultório de um médico e roubar o bisturi, o diploma e o dinheiro, estará roubando os símbolos — o dinheiro é um símbolo; porém, a mentalidade do médico não terá sido roubada. O médico, mesmo sem diploma, continua sendo médico, porque o que o define como tal é a sua mentalidade.

Se a sua mente é rica, toda a sua realidade exterior terminará obedecendo à sua realidade interior.

2. Decididos a ganhar

Há momentos na vida em que devemos aprender a agarrar aquilo que é nosso. Lembra quando seu filho nasceu; quando falou a primeira palavra? Lembra-se de sua primeira namorada, ou quando o seu filho entrou na universidade? Os momentos foram feitos para serem vividos e recordados.

Desfrute de cada momento, agarre-o, expanda-se. O lugar onde você está hoje é apenas o começo que levará você para o melhor que está por vir. Por isso, planeje, crie a sua estratégia.

Você tem dois poderes nas mãos: o de se levantar e escolher a direção para onde levará sua vida.

Só as pessoas perseverantes lutam pelos seus sonhos e vencem.

Aquele que tem paz exterior não tem paz interior; porém, quem tem a paz interior sempre terá paz exterior.

21

Supere-se um pouco mais a cada dia

1. Tempo de treinamento

Muitas pessoas não conseguem passar para um novo nível econômico, melhorar suas relações ou conquistar maior autoridade porque não foram capazes de tolerar o processo, o tempo da preparação necessário para se chegar até um determinado objetivo. São pessoas que conseguiram coisas até um determinado ponto; no entanto, estagnaram, não puderam ou não tiveram coragem de passar pelo processo de formação necessário para saltar do lugar onde estão para o ponto que desejam alcançar.

> *A vida não é nada mais do que uma contínua sucessão de oportunidades para sobreviver.*
> — Gabriel García Márquez

Do momento em que um sonho nasce até a hora de sua realização, haverá um processo, um tempo de preparação. Muitos não chegam a ver seu sonho realizado porque não foram preparados ou não souberam tirar vantagem desse período de preparação e oportunidade.

Quem não passou por esse período costuma cometer muitos erros que poderiam ter sido evitados. O grande problema de muitos, e mesmo das instituições, é nomear a cargos de liderança e de autoridade pessoas despreparadas, o que, normalmente, resulta em muitos equívocos e frustração.

Estar preparado não significa apenas estudar para ter um diploma que me autorize a exercer uma função, mas sim me tornar capaz de:

- **Ficar sozinho, saber quem sou e para onde vou. Saber que, neste tempo, estarei e tomarei decisões sozinho.** Quando puder ficar isolado, descobrir que a minha missão de crescer e me desenvolver deve ser cumprida única e exclusivamente por mim.
- **Compreender que, durante o processo de formação, o ser humano atravessa diferentes períodos, incluindo fases de emoção e de pressão.** Há um "momento de deserto" que todos nós atravessamos alguma vez na vida. No deserto não há ninguém para ajudá-lo; o seu dinheiro não tem valia, as suas forças não servem para nada, você está completamente sozinho com o processo e o tempo que lhe cabe passar. No entanto, seja qual for o seu deserto — financeiro, espiritual, no trabalho —, saiba que este tempo vai terminar. Quando estiver no meio do seu deserto, no meio desse período no qual parece que tudo lhe foi interditado, que ninguém está no lugar onde deveria estar, pare um pouco, pois esse tempo é passageiro. O deserto é um lugar de aprendizado e crescimento.
- **Evitar fazer reclamações. No "deserto", muitos se desesperam e começam a se queixar, porque desconhecem que se lamentar acabará paralisando-os.** Há pessoas que ficam paradas na metade do caminho porque perderam força enquanto se queixavam, sem perceber que foi exatamente isso que as impediu de avançar. O fato é que vivemos imersos numa cultura de queixas. Nossa sociedade tenta resolver os problemas por meio da reclamação, esquecendo que ela nos fixa mais no problema, paralisando-nos. O ato de estar sempre se queixando de alguma dificuldade é um problema da alma. Quem faz isso encontra a todo tempo um motivo, e em quem pôr a culpa: na esposa, no filho, no chefe, no país. Quando você se queixa, apenas está revelando que alguém precisa resolver o problema. Aquele que se queixa está dizendo "eu não sou responsável, alguém resolva isto". Isso é ruim, porque joga o conflito para

> *O que embeleza o deserto é que em alguma parte se esconde um poço de água.*
> — Antoine de Saint-Exupéry

fora e dá a ilusão de que não se é responsável por ele. Jogar a culpa do que eu sinto em outro é dar autoridade emocional ao outro sobre mim. Quando eu jogo a culpa do que eu sinto no outro, estou dizendo que a causa da minha dor vem de fora e, por esse motivo, a minha solução também vem do mesmo lugar; ou seja, agora sou escravo do que está fora. As pessoas são responsáveis pelas suas ações, nunca pelo sentimento que se tem sobre o problema.

Por outro lado, quando mudamos a forma de ver as coisas, paramos de reclamar e nos concentramos em nos preparar e crescer. Desse lugar, seremos capazes de resolver os conflitos, sairemos do deserto e nos aproximaremos da meta prevista. *Onde há obstáculos, ataque o problema.*

Lembre-se:

- A minha atitude determinará os meus sucessos ou meus fracassos.
- A minha atitude determinará se os meus sonhos viverão ou morrerão.
- A minha atitude determinará o meu acesso a pessoas importantes ou irá me distanciar delas.
- A minha atitude afetará ou impulsionará meus projetos.
- A minha atitude me curará ou me deixará doente.

O que fazer durante esse tempo de espera, esse processo, além de nos preparar para alcançar um novo nível de autoridade, de relações, de comunicação?

Eliminar de nossa mente todas as crenças que não funcionam e dar lugar a pensamentos que impulsionarão atitudes eficazes.

> *Cada homem pode melhorar sua vida melhorando sua atitude.*
> — Héctor Tassinari

Nosso pensamento funciona com base em crenças. Algumas que ontem funcionaram hoje podem não servir mais, por isso precisamos mudá-las.

Uma crença pode afundá-lo ou salvá-lo.

Usar o zoom.

Durante o treinamento, é preciso voltar a ver o quadro completo e vislumbrar a meta cumprida. Não pare. Se resistir e persistir, vai resolver seus problemas e conquistar algo maior. O que você vê hoje é a tormenta.

Aproxime-se do seu sonho com o zoom, não o perca de vista. Use o zoom também para distanciar-se desse momento, e verá que chegou ao lugar que desejava. E agora, quando vir a situação por inteiro, todas as coisas que aconteceram com você, constatará que saiu fortalecido, e construiu uma versão melhor de você mesmo. Quando vir o quadro completo, não só o que acontece hoje, perceberá que o "hoje" é apenas um ponto no seu projeto, apenas uma seção no grande pentagrama da sua vida.

Aumentar os limites internos e externos.

Limites pequenos, pouca tolerância, território pequeno para administrar. Quanto mais eu alargar meus limites de resistência, mais poderei abranger e administrar.

Se você for fraco e seus limites escassos, não conseguirá avançar.

Quando Deus criou Adão, disse: *domine as aves do céu, os peixes do mar e as bestas da terra*. Essa mensagem é simbólica, vejamos seu significado:

- as aves do céu: domine seus pensamentos;
- os peixes do mar: domine suas emoções;
- as bestas da terra: domine seu corpo.

Temos capacidade para expandir nossos limites emocionais; se eles são pequenos, tudo nos incomodará, ofenderá e machucará. Se os aumentarmos, não haverá dificuldade que possa nos deter, porque teremos uma autoestima à prova de balas.

Resistir.

Resista e descanse, sente-se!

Quando estiver cansado, sente-se, e se lhe perguntarem: "O que está acontecendo, por que não está fazendo nada?", diga que está descansando. Li que quando Elvis Presley começou a gravar, fez uma canção melódica. Gravou diversas e repetidas vezes, porém, nenhuma das tentativas resultava em algo bom o suficiente; foi então que ele e sua produção resolveram descansar um pouco, porque já estavam quase desistindo. No entanto, todos os sons do estúdio continuaram sendo gravados; Elvis, que não sabia de nada, cantarolou um rock qualquer para se distrair. Foi com essa música que ele fez sucesso e ficou famoso.

O jogo de se colocar limites é um dos prazeres secretos da vida.
— Gilbert Keith Chesterton

Precisamos nos renovar mais rápido do que nos desgastamos.

O que é feito no avião antes de decolar? Ele é pressurizado. O que é pressurizar? É pressionar internamente. Se isso não fosse feito, quando ele levantasse voo, a pressão exterior o esmagaria; então, como não é possível mudar essa interferência, o pressionam interinamente, de forma proporcional à pressão externa que receberá, para que resista.

Se formos capazes de suportar e atravessar com sucesso todas as etapas do tempo de preparação, estaremos prontos para o melhor, para nossa promoção.

Uma vez no topo, o melhor já não estará por vir, nós é que o estaremos trazendo rapidamente.

Agora, desta nova posição, devemos implementar uma maneira eficaz, produtiva e veloz de administrar nossa vida.

2. Leis de sucesso

Lei da velocidade: quanto mais rápido eu andar em direção aos meus objetivos, mais rapidamente eles chegarão até mim.

A velocidade com que você persegue os seus sonhos está diretamente relacionada à velocidade com que seus sonhos irão perseguir você. Se agir rapidamente em prol dos seus sonhos, sem dúvida você os alcançará. E, para se mover mais rápido, precisa ser uma pessoa livre.

Quando você se move com vistas ao sucesso, atrairá mais sucesso. A vitória de hoje é a garantia da vitória de amanhã.

O segredo do sucesso na vida está em se preparar para aproveitar a ocasião quando ela se apresentar.
— Benjamin Disraeli

Lei do magnetismo: quanto mais sucesso eu tenho, mais sucesso atraio.

Você tem que escolher se vai ser chamado como as pessoas o chamam ou como você quer ser chamado: alguém com potencial suficiente para crescer e chegar ao objetivo.

Lei da perseverança: quanto mais importante é o que quero, mais perseverança devo ter.

Se custa conseguir algo é porque está sonhando com coisas grandes. Quanto maior for o seu sonho, mais perseverança deve ter.

A fé move montanhas, porém, às vezes, a montanha está na nossa cabeça.

Há um momento no qual necessitaremos deixar de lado a incredulidade e começar a apostar nas nossas capacidades, no que somos.

Lei do quilômetro extra: se der algo a mais, deixarei uma marca; para deixar uma marca é preciso dar algo a mais.

Na Disney há latas de lixo a cada 32 passos, porque está comprovada a distância que se percorre do lugar onde se compra o produto até o momento em que ele é totalmente desembrulhado. Isso é um extra. Para marcar a diferença é preciso ir um pouco além de onde vão as pessoas.

Lei das possibilidades: sempre há mais de uma possibilidade e mais de uma solução.

O problema que você tem possui muitas soluções. Quando éramos crianças, colocavam-nos rótulos e atuávamos segundo eles. Se as pessoas podem construir um papel com as palavras que lhe dizem, você tem uma autoestima capaz de construir para si mesmo o papel que precisa desempenhar na vida. Não importa o que tenha recebido, importa o que você se propõe a receber, e o que fala para si mesmo.

Lei da abundância: há o suficiente para todos; a pobreza é uma mentalidade que cria uma cultura.

> *A vida é como uma arca imensa, cheia de possibilidades.*
> — Amado Nervo

É cada vez mais urgente quebrar as culturas de pobreza. Se amar o que você tem hoje e cuidar disso, terá a garantia de que pode administrar coisas muito maiores. A vida não se mede pelos anos que alguém vive, mas pelas conquistas que teve.

Para poder sustentar o prêmio, precisamos estar preparados e sermos treinados pelo caminho mais longo.

Você tem uma linda voz? Apenas treinando-a poderá aumentar sua extensão e potência vocal.

Gosta de lutar boxe? Apenas treinando diariamente poderá derrubar um oponente.

Podemos almejar crescer financeira ou emocionalmente, porém, se não tivermos o caráter treinado e forte para sustentá-lo no tempo, perderemos. Não basta chegar à meta, é necessário ser capaz de mantê-la, sustentá-la e multiplicá-la.

Certa vez, uma jovem se aproximou de um produtor de televisão e disse:

— Eu quero ser modelo, o que você me recomenda fazer?

Ele olhou para ela e disse:

— Sabe cantar?

— Não! — respondeu a jovem.

— Que pena, você poderia fazer a audição para este projeto... Sabe atuar?

— Não — ela respondeu.

— Sabe dançar?

— Não.

Então, o produtor respondeu:

— Bom, vou te dar um conselho: para ser uma boa modelo você precisa passar em duas provas. Primeiro, ser linda, e você é linda. Já passou pela primeira prova, a que dura dois segundos. A segunda é saber sustentar a beleza, precisa saber cantar ou dançar. Estude e prepare-se para aprender a manter esse sonho, porque a beleza não basta.

Temos potencial, talento, porém, depende de nós estarmos preparados e treinados para poder sustentar o que esperamos. De nada serve lutar pelo prêmio e depois perdê-lo.

> *Você ama a vida? Então, não desperdice tempo, porque ele é a substância que o produz.*
> *— Benjamin Franklin*

Há um tempo de treinamento que vai do momento em que o sonho nasce até quando ele se realiza. Não é um tempo inativo, pelo contrário, é um tempo de aprendizado.

Ao passar por esse tempo, você estará apto para sustentar tudo que há de bom dentro de você e colocá-lo em prática.

Um dia, contratam um homem para consertar o motor de um barco. O homem pega um martelinho, bate, e o motor começa a funcionar. Ele diz:

— Pronto. São mil dólares.

— Você está louco! — respondem. — Você só deu uma batidinha e nada mais. Diga qual foi o seu trabalho.

O homem explicou:

— Por bater com o martelinho, um dólar. Por saber onde bater, 999 dólares.

Sem treinamento damos passos em falso, nos frustramos. Treine! Se falhar, não se menospreze, observe onde está o erro e faça de novo. Você não está na vida para ver o que acontece, mas para fazer a diferença e jogar nos grandes times.

22

Planeje seus sonhos e realize-os

1. Sonhar acordado

Há pessoas que vivem sonhando enquanto outras, quando alguém pergunta por um sonho profundo que desejam alcançar, ficam mudas. E há muitos que não sabem como um sonho nasce. Um sonho começa com uma visão, com o poder que temos de engendrá-lo no nosso interior. Como a mulher grávida que ainda não vê o bebê, mas sabe que ele está ali porque ele chuta, se alimenta e cresce — é dessa maneira que um sonho nasce dentro de nós. Você se apaixona pelo seu sonho antes de parir, e sabemos que, se mantivermos a visão nesse projeto, se agirmos em prol dele, se tornará realidade. Vejamos então, alguns princípios que nos acompanharão nos diferentes momentos da visão dos nossos sonhos.

Para poder construir meu sonho, primeiro preciso vê-lo no meu interior.

Quanto mais você vir seu sonho realizado no seu coração, maior será a certeza de que conseguirá vê-lo com seus olhos físicos. O princípio da visualização, da visão, é imprescindível. *Aquilo em que você mais pensa é o que se tornará realidade.* Não poderá acertar o alvo se antes não conseguir enxergá-lo.

Um dos princípios importantes da realização dos sonhos é o desafio, porque faz com que não continue como sonho, e de uma ou de outra forma, fará com que se torne realidade.
— E. Emerson Calú

Precisamos aprender a visualizar com mais frequência, ver o nosso sonho várias vezes, reproduzir essa imagem no nosso interior como se fosse um *slide*, um filme. A frequência da visão que estiver no seu interior afirmará esse sonho que está no seu coração.

Quando você repete o que é bom, isso ganha força. Aqueles que fracassaram não tiveram claro seu sonho.

Essa visão tem que ser frequente, objetiva e intensa. Todas as pessoas que alcançaram seus objetivos tinham uma característica em comum: entusiasmo. Sem isso, nunca se conquistou nada grande. A intensidade que colocar no seu sonho mostrará se o alcançará ou não. Cada vez que visualizar, precisa sentir o sangue que corre pelo seu corpo, que está vivo, que o almeja intensamente. Caso contrário, esse sonho não será tão importante.

A visão deve ser duradoura, não pode ser fugaz. No filme completo da sua vida, você precisa visualizar o final.

Visualize frequentemente, claramente, intensamente
os sonhos do seu coração.

Precisarei afirmar a minha autoestima.

Não diga para seu sonho: "Vejamos e vamos tentar". Determine-se a construí-lo, a sua autoestima o levará a não desistir. Para ter autoestima, você não precisa contar com a aprovação dos outros, apenas saber para onde está focando seus projetos. Se não tiver amor por você mesmo, não poderá amar os outros.

Quando você serve os outros é porque serviu-se primeiro.
Quando você ama os outros é porque se amou primeiro.
Quando você respeita os outros é porque se respeitou primeiro.
Determine-se a ver seu sonho realizado e o alcançará.

- As pessoas que têm baixa autoestima vivem da esmola afetiva dos outros; no entanto, nenhuma carícia que receberem será suficiente.

- Quando você tem baixa autoestima, há coisas que não pode fazer: quer correr, mas não pode; quer construir, mas não tem coragem; quer sonhar, mas sente que não vai conseguir.
- Quando uma pessoa tem baixa autoestima, será jogada de um lugar para outro.

Uma pessoa com autoestima sadia fará funcionar as coisas que não funcionavam, não dependerá afetivamente de ninguém, e as obsessões já não terão lugar entre suas emoções.

Declare publicamente seus sonhos.

Há um poder sumamente importante na confissão pública. Quando uma pessoa fala de seu sonho, o estará semeando, ao mesmo tempo que o estará afiançando. Ao fazê-lo, começará a viver como se o sonho já tivesse sido alcançado.

> *Diga-me com quem você anda, e eu lhe direi quem você é.*
> — Ditado popular

Aproxime-se de pessoas sonhadoras.

O semelhante atrai o semelhante. Não construa seu sonho com gente indecisa e indiferente. A lei da associação funciona tanto para o que é bom quanto para o que é ruim. Com incredulidade nunca se chega a ver o sonho; com fé e visão, sim.

Melhore tudo aquilo que chegar às suas mãos.

Precisamos ter um sentido de melhoria contínua. Ser o melhor no lugar onde estiver o qualificará para passar para seu próximo nível e para chegar à meta.

2. Vivendo o que ainda não vejo

Se tiver fé no seu próprio sonho, ele se tornará realidade. Fé é a convicção do que se espera. Se eu mantiver a visão, minha fé se concretizará. Lutemos pelo nosso sonho e repitamos para nós mesmos: "Não abandonarei os meus sonhos". Quando um desejo nasce, estamos entusiasmados, porém, conforme agimos para colocá-lo em prática, surgem a falta de vontade e os questionamentos. É aí que você deve adiantar-se e decidir vencer, custe o que custar. Não importa quanto vai levar; se agir corretamente, mais cedo ou mais tarde chegará lá. *Esperança e visão são a mesma coisa.* Todos os sonhos afetivos, econômicos e espirituais passam por três fases:

- Nascimento. Você tem o sonho: "vou prosperar".
- Morte. "Ninguém me ajuda". Você é demitido do emprego, se ofende, tem mais problemas, é roubado, fica doente.
- Ressurreição!

O que você precisa saber? Você tem um sonho, está feliz, mas, assim que começa a colocá-lo em ação, começam os "poréns"; parece que tudo se fecha, tudo dá errado, e nessa fase toda a capacidade que acumulamos, toda a fortaleza e toda a nossa paixão serão colocadas à prova. Nesse momento não podemos desistir, é preciso seguir um pouco mais, continuar lutando, porque ali, no meio dos contratempos, voltaremos a nascer junto ao nosso sonho.

Uma crença não é simplesmente uma ideia que a mente possui, é uma ideia que possui a mente.
— Robert Bolt

A sua mente deve estar conectada com o que você acredita, com o que sonhou.

Se você teve a capacidade de sonhar esse sonho é porque isso lhe pertence, e só você pode alcançá-lo: você terá a força suficiente para derrubar qualquer muro.

Todos os sonhos têm grandes e altos muros, porém, a sua paixão e sua força interior farão com que você tenha o grande estalo, e "de repente", o conquiste. Não sei há quanto tempo você está lutando por algo, mas sei que, se agir corretamente, vencerá. Tudo que parece dor de morte, dor de sofrimento, de cansaço, é dor para parir. Tudo que parece já ter acabado na verdade ainda não foi concluído; esse é apenas o começo, é preciso apenas continuar lutando.

A cada dia dê uma volta a mais, um passo a mais. A cada dia, faça algo novo. Cada ação, mesmo sendo pequena, se somará a outra e, juntas, farão algo tão grande que você conquistará seu sonho.

...Todos os dias, faça algo a mais.

...Todos os dias, caminhe um pouco mais, e o que fizer, faça-o em silêncio. Diz um ditado: o bacalhau coloca mil ovos em silêncio, a galinha coloca um ovo e cacareja o dia todo. Algumas pessoas fazem qualquer bobagem e falam: "porque eu... quando eu...". Quando fizer, não é preciso falar, tudo que você faz é em prol do seu sonho e é para você.

Não espere que ninguém o salve, nem venha resgatá-lo. Todos inconscientemente esperamos que alguém nos salve, que alguém nos mostre a solução que estamos esperando, que nos digam a palavra mágica para podermos avançar e alcançar o nosso sonho. No entanto, precisamos aprender a sermos livres e a não esperar nada dos outros. Se vierem, que sejam bem-vindos. Se não, você tem as forças necessárias para lutar por tudo que quer alcançar.

Você deve deixar de esperar que tudo seja fácil. Quantos de nós esperamos ou acreditamos que as coisas vão ser fáceis, que vamos conseguir sem dificuldade? Entretanto, à medida que vamos nos envolvendo com nossa meta, compreendemos que não é bem assim. Quanto dinheiro achou que o seu sonho custaria? Hoje você percebe que não é o que pensou, é muito mais do que isso. Quantos inimigos pensou que teria? São mais, sempre custa mais.

Prepare-se para o pior e espere o melhor. Quando uma pessoa se prepara para o mais difícil, levanta a guarda interna. Quando um colega de trabalho diz: "Você precisa ser pontual, senão vai ser mandado embora", você levanta a guarda e tudo funciona mais fácil, você se prepara para o difícil. Por outro lado, quando uma pessoa ouve: "Não, aqui está tudo bem", a guarda se mantém baixa.

Precisamos nos libertar do espírito de vítima. O que isso significa? As pessoas tendem a projetar no outro o que sentem e o que pensam. Se você tem muitos filhos, certamente vai ouvir: "Quantos filhos você tem? Cinco! Nossa, que difícil". Talvez, para você, isso sempre tenha sido normal, mas agora, como vitimizaram a sua situação, sente-se assim.

Não se faça perguntas sem sentido. Por exemplo: "Por que não me cumprimentaram? Por que viraram a cara para mim?". Livre-se da preocupação com as atitudes, opiniões e palavras dos outros.

Ninguém deve insistir para que você siga seu sonho, você mesmo deve se motivar a cada manhã para alcançá-lo. Não coloque limites ao que é bom; conquiste, pegue e desfrute disso. Seja o protagonista do seu

O homem é livre, deve ser livre. Sua primeira virtude, seu grande amor, é a liberdade.
— Juan Ramón Jiménez

sonho, só você poderá liderá-lo. Os sonhos são seus, não são de outro; não há nada pior do que viver os sonhos dos outros.

Depois de terminar a graduação, um jovem entregou o diploma para seu pai e disse: "Pai, aqui está o diploma. Cumpri meu dever, agora vou fazer aquilo de que gosto". *O mais importante é que os sonhos devem ser seus.* O maior presente que podemos dar aos nossos filhos é que eles nos vejam correr atrás dos nossos sonhos e que possamos ensiná-los a se conectarem com os próprios. "Eduque a criança no caminho dela; quando ela crescer, não o abandonará." Não há nada maior do que correr atrás dos sonhos pessoais.

Viva pelo seu sonho. John Maxwell escreveu: "Aos 18 anos eu ficava preocupado com o que as pessoas falavam de mim; aos 40 não me preocupava mais com isso; e aos 60 me dei conta de que nunca ninguém pensou em mim".

Conecte-se com o seu sonho e, quando fizer isso, certamente vai chegar lá.

Se ainda não chegou, fique tranquilo, está sendo treinado para chegar. No percurso do nosso sonho aprenderemos a liderar e ganhar as próprias batalhas e, se formos capazes de atravessá-las, sairemos muito mais fortalecidos. Sempre haverá um tempo para percorrer do momento em que o nosso sonho nasce até chegarmos a ele, e, nesse processo, estaremos sendo treinados. Você não é uma opção para seu sonho, é o único que pode concretizá-lo. É tempo de deixar para trás todos os pensamentos limitadores e sonhar de acordo com o que vimos com a nossa alma. Quando começar a sonhar grande e estiver disposto a encaminhar seus objetivos, os recursos de que necessita aparecerão. Um sonho o faz ver, e não perguntará se você tem riqueza ou não; um sonho o encherá de tanta energia que contagiará os outros e eles vão querer se unir a ele. Enriqueça seu coração, encha seu interior de crenças verdadeiras e seu sonho se tornará realidade. Bata, bata, bata, e uma porta se abrirá.

Não há melhor base para um ser humano do que um grande potencial.
— Charles M. Schulz

23

Tolere a frustração

1. Tolerância zero

Frustração é o que se sente ao encontrar uma pedra no caminho. Todas as pessoas experimentarão em algum momento uma frustração, por não terem o emprego que estavam esperando, pela traição de um amigo ou um "não" perante algum projeto. Há pedras de todas as cores, sabores e cheiros; em algum momento, todos nós vamos sofrer frustração.

A questão é como vamos reagir frente a essas pedras. Sentir-nos tristes ou desapontados em meio de uma crise é normal, porém, a tolerância zero com o erro ou a decepção não é.

Pense por um momento em uma frustração que tenha vivido: econômica, espiritual, afetiva ou emocional. Algo que queria alcançar, mas não conseguiu, um sonho que não conseguiu abraçar. Lembre-se do que sentiu naquela situação. Querer realizar um sonho é parte da natureza humana, portanto, quando não podemos alcançá-lo, nos frustramos e imediatamente reagimos de duas maneiras diferentes:

> *É melhor fracassar por ter feito algo do que frustrar-se por não ter tentado.*
> — Autor desconhecido

- **Raiva.** A raiva faz você gritar, bater, insultar ou mesmo matar. Essa raiva, muitas vezes, é com você mesmo: "Como fui tolo! Como não percebi antes?".
- **Tristeza.** Aparece quando a pessoa sente melancolia, conformismo e diz: "Bom, é isso mesmo" ou "O que mais posso fazer?!". Aí começa na sua vida um processo de isolamento e introversão.

Você pode ficar bravo, chorar, ofuscar-se, amargar-se, encher-se de raiva, dizer: "Tudo acontece comigo". Pode chutar, chorar ou até andar sobre as pedras e finalmente chegar ao destino que tinha se proposto.

Todos nós temos um determinado *nível de tolerância à frustração*. Enquanto, frente a um detalhe inesperado, alguns sentem que já fracassaram, muitas outras pessoas têm a capacidade de se sobrepor, dar um jeito e encontrar uma solução possível ao assunto. Essa forma de agir dependerá do nível de força que essa pessoa tiver, que está intimamente ligado aos nossos primeiros anos de vida.

Se as palavras daqueles que estavam nos cuidando foram de desvalorização e desconfiança, elas ficarão marcadas a fogo no nosso interior, influenciarão na forma como aprendemos a nos relacionar com os outros e com as situações.

É muito frequente que a pessoa que comete um erro se condene duramente, pense que ela mesma é um erro quando, na realidade, só cometeu um equívoco, e isso não tem nada a ver com o que ela é.

Há outros que, ao não terem alcançado o objetivo no tempo em que tinha sido proposto, imediatamente ficam bravos e renunciam ao projeto. Embora seja normal ter emoções confusas quando sentimos frustração, não podemos nos permitir o isolamento, o desânimo, nem cairmos num nível de angústia que nos leve diretamente à depressão.

Todos nossos sonhos podem se converter em realidade se tivermos a coragem de lutar por eles.
— Walt Disney

Hoje as pessoas têm tolerância zero a tudo: ao erro, ao fracasso, ao "não" dos outros, e reagem se decepcionando, e com isso ativam uma insegurança ainda maior na área dos afetos. Alguns, por medo de serem machucados ou de continuarem sentindo-se decepcionados, preferem responder com ira. Se olhar nos olhos deles, dizem: "O que está olhando, o que foi?".

O fato é que, quando não há tolerância à frustração — ou seja, não há força interna —, não haverá tolerância à crise que deve ser superada, seja qual for o conflito. Devemos crescer em meio à dor e à frustração. A dor, por si só, não tem sentido, a dor deve ser expressada.

Quando uma pessoa se pergunta: "Por que isso aconteceu comigo?", ninguém poderá dar uma resposta. A dor existe para ser liberada, expressada.

Por que alguém grita quando perde um ser querido? Porque perante esse fato as palavras não bastam, para expressar toda essa tristeza é preciso chorar, gritar e ficar em silêncio. Quanto tempo dura esse processo? Ninguém sabe. Alguns dizem dois anos, um ano... Não há um tempo estipulado, o que devemos saber é que a dor precisa ser vencida. Se não fizermos isso, ela nos acompanhará a vida toda. Quando existe uma emoção forte como a raiva, a tristeza, o medo, devemos esperar que passe; não tomar decisões, não fazer nada, nem falar, porque, quando estivermos tristes, por exemplo, falaremos de tristeza.

Todas as emoções são passageiras e não podem ser controladas pela vontade, porque foram criadas para serem sentidas.

Não será possível controlar as minhas emoções, porém, posso agir para gerar outras emoções positivas e experimentar o novo.

Quando estamos tristes, não adianta repetir: "Não estou triste, não estou triste". Na verdade devemos controlar as nossas ações e criar algo positivo. O que é bom sempre vence o que é negativo. Por isso é urgente libertar-se de toda a dor que nos causa frustração, já que, uma vez que a tenhamos atravessado, acordaremos novamente para o que é importante.

Superada a frustração, deixaremos de nos preocupar por coisas sem valor, sem importância, e começaremos a investir nos fatos profundos e importantes da vida.

Talvez sintamos que não merecíamos o que acontecia conosco, porém, nessa nova posição, podemos dar a mão novamente ao nosso sonho.

Não podemos solucionar o que aconteceu, mas sim fazer com que aconteçam coisas novas. Agarremos o nosso sonho com as mãos e algo positivo ocorrerá.

Quando a sua força interior está fortalecida, não importa a dificuldade; a sua convicção e sua segurança interna farão você entrar onde ninguém se atreveu até então.

Uma vez fortalecidos, estaremos prontos para voltar a todos aqueles lugares dos quais fugimos por medo da frustração e, ali, começar de novo o que nunca começamos, ou o que não tivemos coragem de terminar.

Claro que encontraremos águas turvas, porém, elas não farão com que paremos de navegar. Uma vez que você tolerar a frustração, estará pronto para liberar todo seu potencial e, dessa posição, estará sendo treinado para vencer qualquer coisa impossível; a desculpa já não será parte do seu discurso.

2. Dê uma reviravolta

Sem treinamento fazemos bobagens, sem treinamento nos frustramos. Precisamos de treinamento!

Quer jogar na primeira divisão? Se a sua resposta for sim, terá que treinar, então, na escola dos grandes.

Você se atreve a parar de reclamar? Certamente se pergunta: como faço isso? E a resposta é simples: lembre-se da sua última vitória, seu último triunfo.

Uma criança lia um livro sobre histórias de heróis, mas sempre começava pelo fim.

— Por que você lê assim? — perguntou a mãe.

— Para saber que acaba bem. Então, quando começo a ler e vejo tudo que acontece com o herói, não me preocupo, porque já sei como termina.

Se conseguiu ganhar nessa oportunidade, também conseguirá perante os desafios que tiver pela frente. Não se esqueça da sua última vitória. Lembremos que a frustração é parte da vida, que nem tudo que queremos é o que na verdade necessitamos; e nem tudo de que precisamos, muitas vezes, alcançamos no momento que queremos. Quando tiver um problema e não conseguir resolver, o que precisa fazer é mudar a definição do problema — isso se chama *redefinir*.

Redefinir quer dizer que um problema sempre pode ser visto de muitos ângulos diferentes.

Quando você está submetido a pensamentos recorrentes, diz: "Este problema é assim, chama-se assim e ponto". Porém, quando muda de perspectiva, percebe que o mesmo problema pode ser observado desde outro ângulo.

Don Watson dirigia a IBM quando um dos gerentes cometeu um erro gigante que custou dez milhões de dólares. Quando entrou no escritório de Watson, o gerente disse: "Suponho que estou demitido". Watson respondeu: "Sério? Não acha que esse é seu melhor momento? Acabamos de investir dez milhões de dólares na sua educação".

As coisas são da forma como você as enxerga.

Se aprendermos a ver o palco de outro ângulo, aprenderemos a ver a frustração de uma forma criativa, e não somente isso: dela tiraremos algum proveito. Fique bravo com a frustração e tire proveito dela, tolere-a por um tempo. A raiva é uma força interior que devemos aprender a redirecionar. As pedras continuarão no caminho, porém, quando você estiver fortalecido, superará a frustração e verá seu sonho cumprido.

O nível do seu sonho será o nível do seu esforço, dos amigos e dos inimigos que terá, das críticas.

Redirecione sua raiva e comece edificar um novo projeto. Quero dizer que a frustração é parte da vida.

Como faço então para ter alta tolerância?

Liberte-se das pessoas e poderá servi-las.
Cuide, dê, ame todos que puder, porém, não espere nada de ninguém.

24

Encha a sua vida de sonhos

1. Desejo ou realidade

Uma vida sem desejos é uma vida não vivida. Quando uma pessoa não tem desejos, o futuro será muito difícil de vislumbrar, pois a vida funciona com base nas aspirações.

Hoje observamos que há pessoas de 15, 20, 30 anos sem desejos, jovens que têm o que em psicologia é chamado de "depressão branca", que significa não ter desejos por nada: se conseguem emprego, não lhes causa nenhum impacto; se começam a namorar, essa relação não tem tanta importância nem quando terminam. Expressam todas as emoções da mesma maneira: alegria, dor, tristeza, angústia; e andam pela vida como se estivessem adormecidos. O fato é que eles mesmos ou o ambiente em que vivem matou sistematicamente todos os seus sonhos.

> *Viver seus desejos, esgotá-los na vida, é o destino de toda existência.*
> — Henry Miller

Ou, pelo contrário, preencheram esse espaço com "pseudodesejos". Há pessoas que almejam alcançar muitas coisas, porém, no momento em que conseguem, dizem: "Realmente isto não é tão importante para mim quanto pensava" ou "Dediquei muito para consegui-lo e percebi que não fez muita diferença na minha vida". São desejos não legítimos, que "parecem" bons, porém, ao serem alcançados, não carregam o valor que se pensava que tinham.

Os "pseudodesejos", quando alcançados, não enchem o coração.

Cada vez que alcançar um desejo, terá a sensação de ter realizado algo extremamente importante e dirá: "Consegui este desejo do meu coração", seja esse desejo afetivo, financeiro ou pessoal. Cada vez que alcançá-lo, por menor que seja, sentirá uma satisfação muito grande que o impulsionará a correr atrás de mais sonhos.

> *A árvore da vida é o desejo realizado.*
> — Livro de Provérbios

O fato é que todos os seres humanos podem ter sonhos e desejos. *Como fazer então para ativar nossos bons desejos?*

- Retomando o controle da minha vida. Ninguém pode ter o controle das nossas emoções, exceto nós mesmos.
- Ninguém pode encher a nossa mente de obstáculos, exceto nós mesmos.
- Ninguém pode me tornar negativo, exceto eu mesmo.
- Ninguém pode bloquear, em sua totalidade, as minhas ações, exceto eu mesmo.

Ninguém, com exceção de você, tem o controle de suas emoções. E se alguém quiser impor um limite a você, coloque uma escada, suba e alcance-o. Muitos decidem viver sob desculpas e dizer: "O outro não me permite alcançar os meus desejos"; "São meus filhos..."; "Ninguém reconhece meu trabalho". É mais fácil viver sendo escravos dos outros do que aprender a viver em liberdade, tornando-nos responsáveis pela nossa vida.

- Roosevelt era paralítico e foi presidente dos Estados Unidos.
- Hellen Keller era surda e muda, e foi uma grande escritora.
- Charles Goodyear estava na prisão e inventou os pneus.

Essas personalidades e muitos outros autores desconhecidos superaram todos os níveis de desejos existentes e alcançaram o último degrau, lugar onde não existe o impossível.

Se não quiser ver seus desejos frustrados, nunca deseje nada além daquilo que apenas depende de você.
— Epiteto

2. Níveis de desejo

Vejamos então em que nível de desejo estamos vivendo hoje:

- **Nível básico.** Faz-se um pedido, porém, depois de um tempo, o desejo perde força.
- **Segundo nível.** Neste nível queremos um pouco mais, porém, frente ao primeiro inconveniente, o desejo se enfraquece e se esvanece.
- **Terceiro nível.** Deseja-se ansiosamente. A pessoa está empolgada com seu desejo, pensa nele e age, porém, quando os problemas aparecem e ela sente que não poderá resolvê-los, ela se frustra e o desejo se apaga.
- **Quarto nível.** Deseja-se muito, com paixão, com intensidade que não se apaga, que não vai embora com nada. Neste nível, não importam os "nãos" que colecionarmos, sempre haverá um "sim" para chegar ao que nos propusemos conseguir.

Com que nível você se identificou? Onde está parado? Aqueles que chegaram ao quarto nível concretizaram a seguinte frase: "Para aquele que acredita, tudo é possível". Eles souberam que toda batalha é vencida primeiro na mente e, depois, no campo de batalha. *Todas as lutas são vencidas ou perdidas na mente.*

...Quando algo deu errado, já tinha dado errado na sua mente.

...Quando a sua mente está tranquila, a sua batalha será tranquila.

As batalhas são vencidas primeiramente na privacidade da mente.

Para que cada desejo que emana do seu coração se cumpra, você precisa:

- **Deixar para trás qualquer situação de dor para entrar no nível da declaração, que é falar tudo que queremos que aconteça conosco.** Quando estiver pronto para passar da emoção à declaração, você estará pronto para ganhar a batalha da sua mente. Na declaração já não há desilusão, pessimismo ou falta de vontade, mas sim compromisso com você mesmo, paixão e vontade de ver o que prometemos alcançar.
- **Unir-se em sinergia com o outro.** Quem pega na sua mão? Não é qualquer um que pode fazê-lo. Você só deve permitir pessoas que já chegaram aonde você quer chegar. Junte-se a quem sonha como você.
- **Passar da declaração à ação.** Há um momento no qual você precisa apontar diretamente para o que determinará seu sucesso. Não se detenha antes do fim, persevere na ação até alcançar o que prometeu para si mesmo. Ação é não esperar pelo troféu, é sair para pegá-lo; seja proativo, monte um plano de negócios, não fique parado. Não espere pelo momento ideal. O momento ideal será determinado por suas ações. Mexa-se com agilidade, seja veloz, que não é o mesmo que viver ansioso por alcançar esse desejo.

3. Desejos cumpridos

Diferença entre ansiedade, velocidade e pressa:

- *Ansiedade* é ir em direção a algo negativo.
- *Velocidade* é saber que vai em direção ao sonho que está dentro de você.
- *Pressa* é o que leva as pessoas a qualquer lugar.

Você deve ser alguém de velocidade, não de pressa, porque o apressado não sabe para onde vai. O ansioso vai para o lado negativo, e a pessoa veloz é a que chega a ver seu desejo cumprido.

Perguntaram a Guy Greski, o melhor jogador de hóquei do mundo: "Por que você é o melhor jogador de hóquei do mundo?". Ele respondeu: "Quase todos patinam para onde está o disco e eu patino para onde o disco vai estar".

Mexa-se para onde o seu sonho vai estar, não espere que de repente alguém o facilite. Seja alguém de ação e não de impulsividade, não um louco que faz tudo por impulso, mas alguém que se mexe com sabedoria, firmeza e convicção.

> *O movimento veloz que agita o mundo só pode ser ouvido quando estamos andando.*
> *— Felicité de Lamennais*

Passe da ação à paixão. Determine o seu nível de sucesso, seja constante, mantenha sua convicção ao longo do tempo.

Quando? Hoje, amanhã, na próxima semana, se eu continuar acreditando constantemente, em algum momento terei o meu desejo realizado. Sejamos constantes no que acreditamos e esperamos.

Quando a meta é "ser grande", procurar aplausos, posição, reconhecimento fará de você um escravo das pessoas que o manipularão, porque terá errado no objetivo. Não viva só por um rótulo, realize e leve adiante o objetivo pelo qual nasceu.

Não procure reconhecimento, cumpra a sua meta e, quando perseguir o seu sonho, a grandeza o encontrará, o aplauso aparecerá, e receberá o amor, porque não procurou apenas a grandeza. "Como a sua meta não é o aplauso, mas sim realizar o sonho que está no seu coração, você é grande e estará pronto para servir também aos outros."

Você nasceu para fazer e alcançar algo específico que só você poderá fazer.

Quando tiver um sonho específico, mensurável, concreto, claro, a sua vida começará a se expandir. Nada mudará enquanto não começar a sonhar e se comprometer com o desejo do seu coração e com o seu sonho. Case-se com esse desejo que queima e apaixona, pegue-o, funda-se a ele.

Os caminhos para chegar podem mudar, porém, o sonho não se negocia. Imagine o sonho cumprido, visualize-o e comece a comemorar antecipadamente; quando você se compromete, chega ao futuro multiplicado.

25

Exercite hábitos e passos bem-sucedidos

1. Todos os dias, no mesmo horário e pelo mesmo canal

O ser humano foi criado para alcançar o sucesso em todas as áreas da sua vida, nas suas emoções, na economia, na saúde. Nada pode afetar essa criação porque fomos projetados para alcançar tudo a que nos propusermos.

No entanto, muitas pessoas sabem o que devem fazer, porém, não o aplicam; conhecem o modo de agir que melhor funciona, mas não o colocam em prática. Alguns recebem os resultados que esperam por momentos, uma hora sim, outra não. Num ano avançam um passo para frente; no ano seguinte, retrocedem três.

> *Sempre sonhe e aponte para algo mais do que sabe que pode avançar.*
> — William Faulkner

Alguns nunca alcançam os resultados propostos, enquanto outros aplicam à risca os hábitos que os levarão ao sucesso.

Existem leis e hábitos que você deverá desenvolver, se o seu desejo é ver seus sonhos cumpridos e não se conformar com menos do que a sua natureza o preparou para desenvolver.

Tenha o hábito de atender o que é mais valioso.

A sua atenção deve estar colocada no que tem valia, no que é importante e grande; não em coisas pequenas e superficiais. O sucesso estará onde você colocar a sua atenção. O seu foco deve estar o tempo todo nas coisas grandes que quer conquistar. Se mantiver a atenção em coisas grandes, importantes e valiosas, seu ser se encherá de tanta fé, tanta paixão e energia que, quando tiver conseguido, as suas forças se multiplicarão ainda mais e permitirão que chegue ao que está na sua frente.

Se mantiver a atenção em coisas grandes, sempre serei jovem.

Se aprendermos a aplicar esta lei, semearemos resultados extraordinários. Não se detenha em olhar para os resultados e o sucesso dos outros; o seu potencial permite que você também seja bem-sucedido. O seu foco deve estar dirigido para o que é grande e importante. Quando estiver atento a isso, não perderá tempo em discussões com gente que gosta de dar opinião, pelo contrário, estará atento ao que vale a pena.

Ninguém é capaz de parar um homem inspirado. "Inspirado" quer dizer que algo entrou no seu espírito, um sonho, e ninguém poderá pará-lo. Talvez esteja pensando: "Se soubesse quantas vezes eu fracassei...". Mas o fracasso não pode freá-lo, não importa: *Fracasso + fracasso + fracasso = sucesso.*

Você errou? Não importa, sempre podemos nos levantar novamente, reverter o erro e alcançar o sucesso.

> *Um homem que não se alimenta de seus sonhos envelhece logo.*
> — William Shakespeare

Um antigo mentor me disse algo que me impactou: "O fracasso é matemática". Se um vendedor ligar para vinte pessoas para oferecer algo e apenas uma comprar, ele se desanima. O fracasso é matemática: se ligou para vinte e só uma comprou, você deve saber que a cada vinte só uma comprará; por isso, terá de ligar para quarenta, sessenta, oitenta, cem pessoas... E cada vez que alguém disser "não", você saberá que aquela pessoa é uma das dezenove que irão declinar da oferta.

Se não se deu bem, é uma questão de estatística, continue em frente porque, no final, haverá um que dirá sim.

Usar os tesouros do meu passado.

Pense em uma grande vitória sua, em como se comportou, como falou, como caminhou, como foi embora...

Um autor dizia que há gente que com o corpo expressa uma coisa, porém, com as palavras, diz outra. É por isso que, quando você se encontrar em uma situação difícil, lembre-se de um sucesso do seu passado e incorpore-o na sua mente, e, mesmo estando temeroso, lembre-se de como agiu naquela ocasião, recupere essa vitória e converta essa atitude num hábito.

Autoafirmação.

Precisamos aprender a nos afirmar. A cada dia, disponha-se a falar bem de você mesmo e viva dessa forma, fazendo disso um hábito permanente na sua vida.

Acontece que nos rebaixamos de forma automática: "Não foi nada"; "Estudei como fez um monte de gente"; "Sim, fiz um curso de informática, nada especial"; "Dei-me bem porque tive sorte"; "Não tive notas ruins...". O que devíamos era dizer: "As minhas notas eram boas, e eu as mereci porque dei o melhor de mim".

Talvez o caminho mais direto para conquistar a fama seja afirmar, com segurança e pertinência, e de todos os modos possíveis, tê-la conquistado.
— Giacomo Leopardi

Li que um pinheiro suporta um raio com o potencial energético para acender Nova York em cinco minutos. Se o raio cair no pinheiro, o queimará por inteiro, porém ele crescerá novamente, porque o poder está nas suas raízes; para ele, é muito pior a traça, porque ela, sim, consegue destruí-lo.

Há pessoas que são como o pinheiro, suportam qualquer prova, porém, dentro delas está a traça do autorrebaixamento — e, na maioria dos casos, são assim devido à maneira como foram criadas.

A mulher foi educada para não chamar a atenção, pois quem chama a atenção é meio louca; por outro lado, o homem é educado para expor suas conquistas.

Muitas mulheres não sabem cuidar de si mesmas, pois, quando pequenas, são ensinadas a criar os outros: o irmão, uma avó doente, suas bonecas, contudo, não de si mesmas. Estão preparadas para defender os direitos dos outros, porém, não os próprios. *Devemos aprender a nos autoafirmar. Isso não quer dizer começar a maltratar os outros, mas "falar bem de nós mesmos". Se não nos afirmarmos, ninguém fará isso por nós.*

Jamais parar o meu crescimento.

É preciso fazer do crescimento um hábito. *Aprenda mais. O lugar aonde chegou não é tudo, há ainda mais para você.*

Quando alguém ofender você, agradeça a Deus pela ofensa porque, se mexeram em seu calcanhar de Aquiles, tocaram em uma ferida que não está fechada e que o desvia do objetivo. Se foi machucado quando criança, você vai gerar dentro de si um pensamento: "Isso não vai acontecer comigo nunca mais". Então, quando alguém faz você atravessar aquilo de novo, você fica bravo porque prometeu que isso "não ia acontecer novamente". É por isso que precisamos de tempo para curar todo o nosso interior. Concentre-se naquilo que doeu e em curar tudo que lhe impeça de continuar a crescer.

Nada se ajusta melhor ao corpo que o crescimento do espírito!
— Autor desconhecido

Estou certo de que chegará um momento no qual ninguém poderá nos machucar nunca mais; andaremos com a autoestima tão alta e sem calcanhares de Aquiles que, embora nos insultem, gritem ou nos persigam, continuaremos em frente sem perder o foco da nossa meta.

O seu sonho não está à venda!

2. Pisando firme

Mesmo havendo leis que devemos cumprir, também há certos hábitos que cada dia precisamos estar dispostos a implementar para podermos mudar a nossa mentalidade e chegar, decididamente, ao nosso sonho e ter sucesso. O que é um hábito? Segundo o dicionário:

- Costume ou prática adquirida por frequência de repetição de um ato.
- Habilidade que se adquire pelo exercício repetido.

Se exercitarmos as ações a seguir, estaremos incorporando na nossa vida hábitos diários de sucesso.

- **Confessar sempre a fé.** Fale da sua meta. A palavra é a expressão de um pensamento. O futuro está na sua boca, e o que declarar será o que receberá. Não importa onde estiver hoje, se falar o que é certo, tudo dará certo.
- **Valorizar as conquistas.** Valorize o que conseguiu, festeje. Não importa se for pequena, a sua conquista é o ponto de contato para alcançar outra maior.
- **Tome distância das pessoas erradas e aproxime-se das certas.** Seja proativo e não reativo. Distancie-se das pessoas que alimentam os seus pontos fracos, daquelas que não apreciam a sua paixão, de quem não fica feliz com a sua alegria e com seu sonho. Distancie-se daqueles que sutilmente querem hipnotizá-lo e colocar em dúvida os seus objetivos, dos negativos e questionadores. As pessoas difíceis são o melhor aprendizado, pois o ensinarão a tirar o melhor de você: eles são seu melhor treinamento. Alguma vez você falou mal de uma pessoa com outra e ela ficou sabendo? Com esse fato, você aprendeu a não falar mal de ninguém, e esse novo hábito te trará sucesso. Seja humilde e aprenda com a maldade dos outros. Muitos de nós fomos criados como numa bolha de cristal e pensamos que as pessoas são boas.

> *Todo esforço é um êxito.*
> — A. Bessieres

Numa ocasião comprei um livro que se chamava *A estratégia dos ratos: como sobreviver na sua empresa e destruir todo mundo*. Numa passagem, dizia o seguinte:

- Fareje os medos dos seus oponentes e, quando eles não estiverem esperando, ataque-os.
- Gere culpa, seja meloso, faça chorar, dê pena: é a melhor forma de manipular.
- Crie problemas com as pessoas, leve e traga, faça com que os outros briguem e você fique como a vítima.
- Finja ser um amigo e seja um espião, junte informações e, quando descobrir o calcanhar de Aquiles, bata até matar.

Devemos aprender com a maldade para não praticá-la, ou receberemos na mesma moeda. O que devemos fazer é colocar limites ao que é ruim e não permitir que as injustiças nos atinjam. Vamos aprender com os erros dos outros. *O inteligente aprende com seus erros; porém, o sábio aprende com os erros dos outros.*

Ande em liberdade e aproxime-se das pessoas certas para melhorar. Muitas vezes admiramos aqueles que conseguiram algo, porém, a admiração não muda você, a inspiração, sim. Inspire-se naquele que conseguiu mais do que você. Junte-se com os grandes.

- **Libera seu potencial a cada dia.** Há um segundo monte por alcançar, um limite mais longínquo, uma extensão maior aonde deve ir.

É assim: para chegar ao sucesso, o grande desafio é mudar a mentalidade.

Planeje seu futuro, porém, desfrute o hoje. Rompa com todos os esquemas e pensamentos que o limitam.

> *Embora a ambição seja ela mesma um vício, com frequência, é causa de virtudes.*
> — Marco Fabio Quintiliano

Habilidades, ideias, conexões, fé, forças, inteligência, tudo está dentro de você.

Uma criança assopra e dá vida às coisas. Quando éramos crianças dávamos vida aos brinquedos e agora, adultos, quando temos um problema, devemos escolher se assopraremos com vida ou frustração, falta de vontade e abandono.

Escolha a recompensa. Nenhuma pessoa tem autoridade na sua vida, porque ninguém pode lhe dar nada.

Seja uma pessoa ambiciosa. As pessoas de sucesso têm ambição de querer conquistar mais a cada dia. Se alguém podar a sua vida, vai ensiná-lo a viver sem anseios, sem sonhos e sem ambição.

Por isso, se quiser ser uma pessoa de hábitos valiosos e dar passos para o sucesso:

- **Pratique o que melhor sabe fazer e aperfeiçoe-se.** Aperfeiçoe a habilidade, pois isso vai promovê-lo para um novo nível. Pratique seus dons para ser o melhor.
- **Seja valente.** Se quiser ser promovido, é preciso que haja valor na sua vida, não medo. É preciso ser valente para acreditar que o futuro que está chegando será extraordinário. É preciso ser valente para saber que tudo que fizermos dará certo.
- **Seja vigoroso, cheio de alegria.** Quanto mais energia gastar naquilo de que eu gosto, mais energia tenho; e, quanto mais energia tiver, mais invisto naquilo de que gosto, e mais energia eu tenho! Porém, se eu gastar a energia em discussões, em pensamentos, em preocupações, perco o vigor.
- **Seja prudente nas suas palavras.** Aprendamos a nos expressar. Ser prudente é saber quando é necessário falar, e quando devemos calar. Saber se expressar significa saber analisar a atmosfera e, de acordo com isso, se mexer.
- **Conserve uma boa presença.** A imagem exterior deve ser igual à nossa imagem interior.

Se formos coerentes nas nossas ações diárias, na nossa imagem, nos nossos movimentos, nas nossas palavras e nos nossos pensamentos, não haverá motivos para não ter sucesso e habilidade. Resta apenas a questão de deixar de fazer o que não nos traz resultados para incorporar novos hábitos que nos aproximarão do topo.

26

Construa sua felicidade

1. Sou muito, mas muito, feliz

Todos nós queremos ser felizes e tudo que fazemos é para sermos mais felizes. A felicidade é o principal objetivo da nossa vida. Tudo que o ser humano faz, procura, estuda, realiza, pensa, decide, sempre está focado em ser feliz.

Se perguntarmos por que você gosta de estudar, viajar, ter mais dinheiro, comprar uma casa, ter uma profissão? Cada resposta terá um motivo.

Ser feliz está na nossa natureza. *Somos projetados para sermos felizes.* Tudo que fazemos é para sermos mais felizes, é um selo que está nos nossos genes, mas muitas vezes não o conseguimos porque estamos ocupados com coisas erradas.

- Felicidade é fazer o que me permita desfrutar hoje, porém, que também sirva para amanhã.
- A felicidade é um estado que você tem que alcançar na sua vida. Não é um dom que você recebe de presente, mas uma meta que deve ser conquistada com luta.
- A felicidade não é algo que vem e bate à sua porta e chega ao seu coração. Ela é um monte que você deve escalar, subir e capturar.

Você aprende a ser feliz adotando hábitos diários que o façam um pouco mais feliz a cada dia. *Se alguma coisa acontecer na sua vida é por você.*

Uma pessoa feliz sabe determinar para sua vida o que está esperando que aconteça, e não fica supervalorizando tudo aquilo que ainda não tem. O termo *overrating* quer dizer "supervalorizar" e, hoje, muitas pessoas supervalorizam o conceito de felicidade. Pensam que quando tiverem um determinado emprego, quando seu parceiro fizer tal ou qual coisa, quando os filhos não ficarem em recuperação na escola, quando uma amiga disser alguma coisa, quando o chefe os reconhecer, quando tiverem uma casa, quando comprarem o carro zero quilômetro, serão felizes, colocando a felicidade no objeto, na pessoa ou na ação que ainda não chegou na sua vida.

Quando eu viajar... Quando me disserem... Sem perceber que o crescimento começa quando o ser humano é capaz de construir a própria felicidade a cada manhã.

Nós somos capazes de desfrutar o que temos hoje, só precisamos colocar isso como meta. "Quando formos capazes de não sermos possuídos por aquilo que desejamos possuir, começaremos a compreender o conceito de felicidade."

Ao sabermos valorizar o nosso presente e colocar todas as nossas energias nas ações diárias, não encontraremos a surpresa de dizer: "Então era isso? Por isso eu fiquei angustiado, chorei, reclamei com a vida, com aqueles que estavam ao meu redor?".

Uma pessoa constrói a felicidade quando sabe que seu estado interior não depende do exterior, mas do que ela cultiva no seu interior.

Estando sempre dispostos a sermos felizes, é inevitável que sejamos em algum momento.
— Blaise Pascal

As pessoas que são felizes sabem que o prazer e o riso as fortalecem. Quando uma pessoa ri, reduz o estresse e, por sua vez, ativa as endorfinas que são as drogas que produzem a felicidade e o relaxamento.

Ao mesmo tempo, isso aumenta a atividade dos linfócitos T, as células encarregadas de comer as células tumorais. Assim, ela também libera as vias respiratórias e combate a insônia.

O riso e o prazer ajudam a prevenir a hipertensão arterial e as doenças cardiovasculares. Precisamos nos divertir um pouco mais, estarmos mais contentes. No entanto, atenção! É possível aprender a estar contente, a estar amargurado, a estar feliz. Aprender a aproveitar a vida, apesar das circunstâncias, não é tarefa fácil, porém, não é impossível. Precisamos aprender a nos mexer não pelas circunstâncias, mas com a convicção de que a dificuldade que devemos atravessar é momentânea, e não deixar que isso estrague a nossa vida.

2. Eu decido ser feliz

Dizem que havia um jovem jogando estrelas-do-mar, devolvendo-as para a água, quando uma anciã se aproximou dele e disse:

— Por que está jogando as estrelas? Veja todos os quilômetros de estrelas-do-mar que há, não vai conseguir nada salvando só algumas.

Então, o jovem pegou uma estrela, olhou para ela, jogou de volta para o mar e disse:

— Para esta, eu fiz a diferença.

- A pessoa feliz sabe fazer a diferença.
- A pessoa feliz sabe que não deve fazer de tudo para alcançar a felicidade, mas sim aquilo que foi chamada a fazer para alcançá-la.

A pessoa feliz está sã. Não vive de seu passado, porém, volta para ele só para revertê-lo.

Para capturar o meu grande momento, devo estar são. Muita gente doente conseguiu grandes coisas, porém não pôde desfrutá-las.

Salomão disse: "Há gente que tem de tudo, por isso não aproveita nada". É por isso que estar saudável interiormente é o requisito indispensável que você deve possuir para ser uma pessoa feliz. Para estar são é necessário fazer certas coisas.

- **Curar-se das lembranças tristes.** Cada vez que a vida fechar uma porta, há outra pronta para ser aberta, esperando você. Todas as portas podem estar abertas na nossa frente, porém, só poderemos vê-las se estivermos saudáveis. Se não fecharmos as portas velhas, não poderemos cruzar as novas. O que chamamos de portas velhas? Os rancores: continuar lembrando aquela crítica que lhe fizeram, as situações do passado não resolvidas e a toda aquela lembrança negativa que não permitirá que você capture seu futuro. Toda aquela pessoa "tóxica" que continua dando voltas na sua mente, toda carga emocional que gera raiva, é uma porta velha aberta. Fechar o passado é abrir-se para o presente e o futuro. *Se eu fecho meu passado, abro meu presente.*

- **Perdoar.** Como faço para perdoar? Pense um momento se, em alguma oportunidade, alguém o machucou e, sem querer, você também o feriu. Se, ao lembrar disso, essa pessoa não agiu como você esperava, já é tempo de conseguir. Perdoar é soltar as amarras de um barco e deixá-lo ir para o mar aberto; é escrever em letras grandes CANCELADO; é virar a chave, abrir a porta da cela; é romper a vasilha de ódios em mil pedaços, de maneira que nunca mais possa ser reconstruída.

As portas velhas que eu fechar abrirão portas novas.

O segredo do seu sucesso e da sua felicidade está escondido na rotina diária, nos seus hábitos. Um profissional resolve o problema que tiver; se alguém o machucou, fale, perdoe e continue adiante. Os "profissionais" abrem portas grandes. Se nos detivermos nas minúcias, não agiremos como profissionais que se concentram no que é grande, no que é transcendente. A vida passa rápido e as coisas vãs, pelas quais nos preocupamos, nos fazem perder tempo e não permitem que nos ocupemos do que realmente vale a pena.

O que eu fizer diariamente determinará o que serei no futuro.
— Miles Murdock

- **Desfrutar de tudo que você tem.** Tudo que temos é para ser desfrutado. "Desfrute, não guarde, porque o que não desfrutar hoje será desfrutado pelos outros quando você não estiver presente." Tudo existe para se gastar, mesmo as forças; parabenize aquele que você vir cansado, pois ele gastou suas forças. O sentimento de culpa diz:

"Melhor guardar para uma ocasião especial"; porém, o dom de desfrutar diz: "Esta ocasião é especial". Faça de cada ocasião algo especial e não guarde nada para amanhã. Use a melhor roupa para ficar em casa, porque foi dada a você para desfrutá-la.

- **Compreender que o prazer não é algo que posso encontrar, porque já o levo dentro de mim.** "Onde está a mulher que me fará feliz?" "Onde está o emprego que eu quero?" O dom de desfrutar está no seu interior. Nenhum ambiente irá dominá-lo quando você liberar a capacidade de desfrutar onde estiver.

> *Os bens são para aqueles que sabem desfrutá-los.*
> — Epicuro de Samos

- **Descobrir o seu próprio valor.** "Se eu não desfrutar de mim mesmo, não poderei desfrutar do resto." O "outro" não pode acreditar em você mais do que você mesmo. Amar-se é saber acreditar em si mesmo, é respeitar-se.
- **Cumprir com os desejos do seu coração.** Não é ruim ter desejos. Se quiser viajar, viaje; se quiser se aperfeiçoar, não perca tempo e avance em tudo aquilo que se propôs seguir. Gaste a sua vida, as suas forças, aproveite tudo.
- **Ser sábio.** Aprendamos quando devemos falar e quando devemos calar. Você não precisa provar nem mostrar nada a ninguém.

Esta é a história de um homem que foi para um país muito longínquo e viu o palácio de um rei, que estava cheio de ouro, tinha quadros preciosos, ornamentos muito valiosos, e ele estava surpreso pela grande prosperidade que o reino tinha.

— Oh, rei, como tens tanta prosperidade? Neste palácio não se vê mais do que ouro e coisas valiosas.

— Eu vou lhe mostrar qual é o segredo do meu sucesso, vou pedir que você percorra todo o palácio. Porém, quero que vá com essa vela acesa e se, quando regressar, depois de finalizar o percurso, a vela estiver apagada, vou decapitá-lo.

O homem mudou a expressão, o sorriso tinha se apagado do rosto. Pegou a vela e entrou em cada sala do palácio, temendo por sua vida.

Ao finalizar, depois de várias horas, chegou à frente do rei, que o abraçou e disse:

— Muito bem, chegou com sucesso. Gostou do meu palácio?

— *Só tive olhos para manter a chama.*
— *Esse é o segredo do meu sucesso, manter a chama acesa.*

Assim deve ser como você conduz sua vida, concentrando-se no fogo interior para que nunca se apague. Apesar de tudo que pode ter vivido, seja feliz e não se ligue em nada negativo.

Uma pessoa feliz sabe se relacionar com as outras, trabalha, ajuda e vive ciente de que tudo a que se propôs trará felicidade, embora em determinados momentos tenha que enfrentar problemas.

Uma pessoa feliz sabe que falar é uma coisa e dizer é outra. Quando uma pessoa sabe falar sobre sua vida, ela é feliz. As pessoas dizem: "que seja como Deus quiser", sem saber que Deus sempre quer que você seja feliz. A questão é que você deve declarar isso em sua vida.

Uma pessoa feliz sabe viver 100%, sabe dar, em tudo que faz, o melhor de si.

Uma pessoa feliz sabe mergulhar nas águas profundas, erra, porém segue o horizonte, não aceita a mediocridade nem se conforma com menos do que determinou para sua vida.

REFERÊNCIAS E BIBLIOGRAFIA RECOMENDADA

AMIGUET, L. **Cuénteme cómo lo hizo.** Barcelona: Ediciones Deusto, 2005.

ÁVILA, M.; FIGUEIREDO, R. V. **Alto desempeño.** Buenos Aires: Temas Grupo Editorial, 2005.

BIRLA, M. **FedEx cumple.** Buenos Aires: Norma, 2005.

BACH, I. B. **Tiempo al tiempo.** Barcelona: Planeta, 2006.

CANFIELD, J.; HANSEN. M. V.; HEWITT, L. **El poder de mantenerse enfocado.** Deerfield Beach (FL): HCI Español, 2000.

COVEY, S. **El factor confianza.** Barcelona: Paidós Ibérica, 2007.

CHANDLER, S.; RICHARDSON, S. **100 maneras de motivar a los demás.** Buenos Aires: Kier, 2006.

CRUZ, J. **Creatividad más pensamiento práctico... Actitud transformadora.** Buenos Aires: Pluma y Papel, 2005.

DE LA TORRE, S. **Aprender de los errores.** Buenos Aires: Magisterio del Río de la Plata, 2004.

DE SHAZER, S. **Claves para la solución en terapia breve.** Barcelona: Paidós Ibérica, 2008.

DWECK, C. S. **La actitud del éxito.** Barcelona: Ediciones B, 2007.

FISHER, M.; ALIEN, M. **Piensa como un millonario.** Barcelona: Gedisa, 2000.

FOSTER, J. **Ideación:** cómo lograr que las ideas germinen y fluyan en su entorno de trabajo, Barcelona: Gestión 2000, 2001.

FUKUYAMA, F. **Confianza**. Barcelona: Ediciones B, 1998.

GAN, F. **101 habilidades emocionales para vivir y trabajar mejor.** Madri: Ediciones Apóstrofe, 1998.

GARCÍA MÉNDEZ, J. F. **La cultura del error.** Barcelona: Planeta, 1997.

HUDSON O'HALON, W.; WEINER-DAVIS, M. **En busca de soluciones:** un nuevo enfoque en psicoterapia. Barcelona: Paidós Ibérica, 1993.

______. **Crecer a partir de la crisis**. Barcelona: Paidós Ibérica, 2004.

HYBELS, B. **Dale significado a tu vida/Toma control de tu vida.** Miami: Ediciones Vida, 2008.

______. **El Dios que usted busca**. Nashville: Ediciones Grupo Nelson, 1998.

______. **La revolución de los voluntarios**. Miami: Ediciones Vida, 2006.

______. **Liderazgo audaz**. Miami: Ediciones Vida, 2003.

JEFFRESS, R. **Secretos de Salomón:** 10 claves de los proverbios para un éxito extraordinario. Miami: Editorial Patmos, 2005.

JENNINGS, J.; HAUGHTON, L. **No es el gran de quien se come al chico, es el rápido el que se come al lento**. Barcelona: Gestión 2000, 2001.

KESSEL, B. **Cambia tu vida financiera y alcanza la verdadera felicidad**. Nova York: Rayo, 2009.

KIYOSAKI, R.; LECHTER, S. L. **Padre rico, padre pobre**. Madri: Aguilar, 2004.

______. **Guía para invertir**. Madri: Aguilar, 2005.

KOSLOW, B. **365 maneras de ser multimillonario.** Miami: Centauro, 2002.

KRIEGEL, R. **Tenga éxito en los negocios sin matarse en el intento**. Bogotá: Norma, 2002.

______; BRANDT, D. **De las vacas sagradas se hacen las mejores hamburguesas**. Bogotá: Norma, Bogotá, 2003.

______; PATLER, L. **Si no está roto, rómpalo**. Bogotá: Norma, 1994.

LA BIBLIA. Reina Valera 1960. Miami: Editorial Vida, 1993.

MANZ, C. C. **El poder del fracaso**. Barcelona: Gestión 2000, 2002.

MASON, J. **La imitación es limitación**. Nashville: Editorial Caribe, 2005.

MAXWELL, J. C. **Lo que marca la diferencia**. Nashville: Grupo Nelson, 2006.

______. **El lado positivo del fracaso**. Nashville: Editorial Caribe, 2000.

______. **Liderazgo 101**. Nashville: Editorial Caribe-Betania, 2003.

MAYER, J. J. **El éxito es un viaje**. Barcelona: Gestión 2000, 2000.

MCGRAW, P. C. **Eres importante:** construye tu vida desde el interior. Shelby (NC): Fireside Books, 2005.

MONDRÍA, J. **Mejore su rendimiento**. Barcelona: Gestión 2000, 2002.

NIVEN, D. **Los 100 secretos de la gente exitosa**. Nova York: Rayo, 2005.

PARRA DUQUE, D. **Mente creativa**. Bogotá: Norma, 2003.

POWELL, B. **Las relaciones personales**. Barcelona: Urano, 1987.

SCHRIJVERS, J. **La estrategia de la rata**. Madri: Temas De Hoy, 2005.

SCOTT, S. K. **Pasos simples hacia sueños imposibles**. Almórida, Elche: Bestseller Ediciones, 2000.

SILBERMAN, M; HANSBURG, F. **Seis estrategias para el éxito:** la práctica de la inteligencia interpersonal. Barcelona: Paidós Ibérica, 2005.

SOLER, J.; CONANGLA, M. M. **Aplícate el cuento:** relatos de ecología emocional. Barcelona: Editorial Amat, 2004.

STAMATEAS, A. **Cuerpo de mujer, mente de niña**. Buenos Aires: Presencia Ediciones, 2005.

STAMATEAS, B. **Emociones lastimadas**. Buenos Aires: Presencia Ediciones, 2005.

______. **Libres de la gente**. Buenos Aires: Presencia Ediciones, 2006.

STONEWALL, C. **El efecto suerte**. Barcelona: Robinbook, 2004.

THORPE, S. **Pensar como Einstein**. Bogotá: Norma, 2001.

TRACY, B. **Cómo lideran los mejores líderes**. Nashville: Grupo Nelson, 2011.

______. **El camino hacia la riquez**. Nashville: Grupo Nelson, 2009.

______. **Máxima eficacia**. Barcelona: Empresa Activa, 2003.

______. **Metas**. Barcelona: Empresa Activa, 2004.

______. **Plan de vuelo**. Sunrise (FL): Taller del Éxito, 2011.

______. **21 secretos para hacerse millonario con su propio esfuerzo**. Barcelona: Editorial Amat, 2002.

______. **Caminos hacia el progreso personal:** la psicología del éxito. Barcelona: Paidós Ibérica, 1996.

TYE, J. **1001 ideas para triunfar en su carrera**. Barcelona: Gestión 2000, 2003.

YARNELL, M.; YARNELL, R. R. **Su primer año en el Network Marketing.** Buenos Aires: Time & Money Network Editions, 2004.

ZELINSKI, E. **Pensar a lo grande**. Barcelona: Paidós Ibérica, 2001.

______. **101 cosas que ya sabes, pero siempre olvidas**. Barcelona: Editorial Amat, 2002.

______. **El placer de no trabajar**. Barcelona: Gestión 2000, 2003.

AGRADECIMENTOS

A toda minha família, porque me ensinou a arte de sonhar.

A Samuel, pela sua gestão.

A Laura e Karina, que organizaram o material.

A Silvana, que entende o que desejo transmitir e me ensina como fazê-lo.

A Mario Rolando, diretor da Ediciones B, sua editora, Diana Paris; Luisa Borovsky e Soledad di Luca, pelo cuidado na edição deste livro.

A meu amigo Beto Casella, por escrever uma apresentação genial.

A todos os meus leitores, pelo seu amor.

1ª edição Janeiro 2015
papel de miolo Pólen Bold 70 g/m^2
papel de capa Cartão Supremo TP 250 g/m^2
tipografia Dante MT STD, Nexus Sans e Apex Sans